JN272000

WIZARD

グレアム・バフェット流
投資のスクリーニングモデル

「安く買って、高く売る」
中長期投資の奥義

ルーク・L・ワイリー[著]
長尾慎太郎[監修]
山下恵美子[訳]

The 52-Week Low Formula
A Contrarian Strategy that Lowers Risk, Beats the Market, and Overcomes Human Emotion   by Luke L. Wiley

Pan Rolling

The 52-Week Low Formula : A Contrarian Strategy that Lowers Risk,
Beats the Market, and Overcomes Human Emotion
by Luke L. Wiley

Copyright © 2014 by Luke L. Wiley. All Rights Reserved.

This translation published under license with John Wiley & Sons International Rights, Inc.
through Japan UNI Agency, Inc., Tokyo

監修者まえがき

　本書はルーク・ワイリーによる"The 52-Week Low Formula: A Contrarian Strategy that Lowers Risk, Beats the Market, and Overcomes Human Emotion"の邦訳である。ワイリーはプロのファイナンシャルアドバイザー（FA、ファイナンシャルプランナーとも呼ばれる）で、これまで多くの投資家に対して助言サービスを提供してきた。FAという職業は日本ではあまりなじみがないかもしれないが、米国では、財務活動にあたって自分のFAを持ち、適宜相談しながら進めるという仕組みがある。これは、一般に顧客の側で、たとえ自分の仕事については知識や経験を有していても、専門外の分野（例えば、医療や法的係争など、投資もそれに含まれる）において不用意に何かを行えば失敗は必至である、したがって適宜専門家に相談すべき、との見識を持つ人が米国では一定数存在するからである。

　本書に解説されているとおり、正しい投資行動は人間が普遍的に持つ性向とはねじれの位置にあり、素人が付け焼刃で実行できるものではない。このため、避けられるリスクと得られる投資成果を考えればFAに支払う顧問料は十分割に合う。この点で言えば、悲しいことに日本では、情報や知識の提供といった形態をとるサービスに対し十分な報酬を支払うという習慣がないせいか、投資する際に費用を払ってFAなどの専門家に相談する人はまれであり、代わりに自分の感情で判断するか、無料で喋る営業マンの言うことを聞いて投資を行う。こうして、わずかの出費を惜しんだ見返りに大切な投資資金をむざむざドブに捨てることになる。まことに残念なことだ。

　さて、著者はFAとしての長年の経験に基づいて本書を書いたわけだが、これが素晴らしいのは、プロのFAの投資哲学を安価に学べるということだけではない。これまで定性的にしか語られてこなかった

グレアム・バフェット流のバリュー投資について、実務的なスクリーニングモデルを個人投資家向けに初めて提示したことに大きな意義がある。ここで原書のタイトルは52週間（1年）の安値にフォーカスしたものになっているが、それに惑わされてはならない。この本の神髄はそこにあるのではなく、**『賢明なる投資家』**（パンローリング）に代表されるクラシカルなバリュー投資の考え方が、決定木構造のモデルに従って、3000銘柄のユニバースを25銘柄の投資対象に絞り込む定量的なプロセスとして明確化されているところにある。これによって、これまで裁量で行うよりほかに方法がなく、したがって経験と知識が必要とされてきた伝説的な投資手法は、だれもが機械的に実施可能な身近なものへと変化したのである。

　翻訳にあたっては以下の方々に心から感謝の意を表したい。翻訳者の山下恵美子氏は分かりやすい翻訳を、そして阿部達郎氏は丁寧な編集・校正を行っていただいた。また本書が発行される機会を得たのはパンローリング社社長の後藤康徳氏のおかげである。

2015年8月

長尾慎太郎

率直な意見を提供してくれた愛してやまない5人のアドバイザーに本書を捧げる。彼らは私がなりたい自分になるのを手助けしてくれた偉大なアドバイザーたちだ。

妻のメリッサ —— しっかり者
娘のマディーソン —— 正義の人
息子のジェイク —— 謙虚な人
娘のレア —— 強い人
娘のモーガン —— 楽しい人

「株式市場には一つの側面しかない。それは、強気側でも弱気側でもなく、正しい側だ」──エドワード・ルフェーブル著『欲望と幻想の市場──伝説の投機王リバモア』

「世間一般の意見は私たちを考えるという苦痛に満ちた仕事から解放してくれる」──ジョン・ケネス・ガルブレイス

「すべきではないことを学ぶには、持てるもの一切合切を失うというのが一番だ。金を失わないためには何をすべきでないのかが分かったとき、相場で勝つには何をすべきかということが分かり始めるのだ。おれの言っていることが理解できたら、進歩しているということだ」──エドワード・ルフェーブル著『欲望と幻想の市場──伝説の投機王リバモア』

「経済予測の唯一の役割は、占星術がマシに思えるようになることくらいだ」──ジョン・ケネス・ガルブレイス

「思慮のない者はすべてのことを信じる、さとき者は自分の歩みを慎む」──聖書「箴言14章15節」

52週安値戦略の5つのフィルターの公式

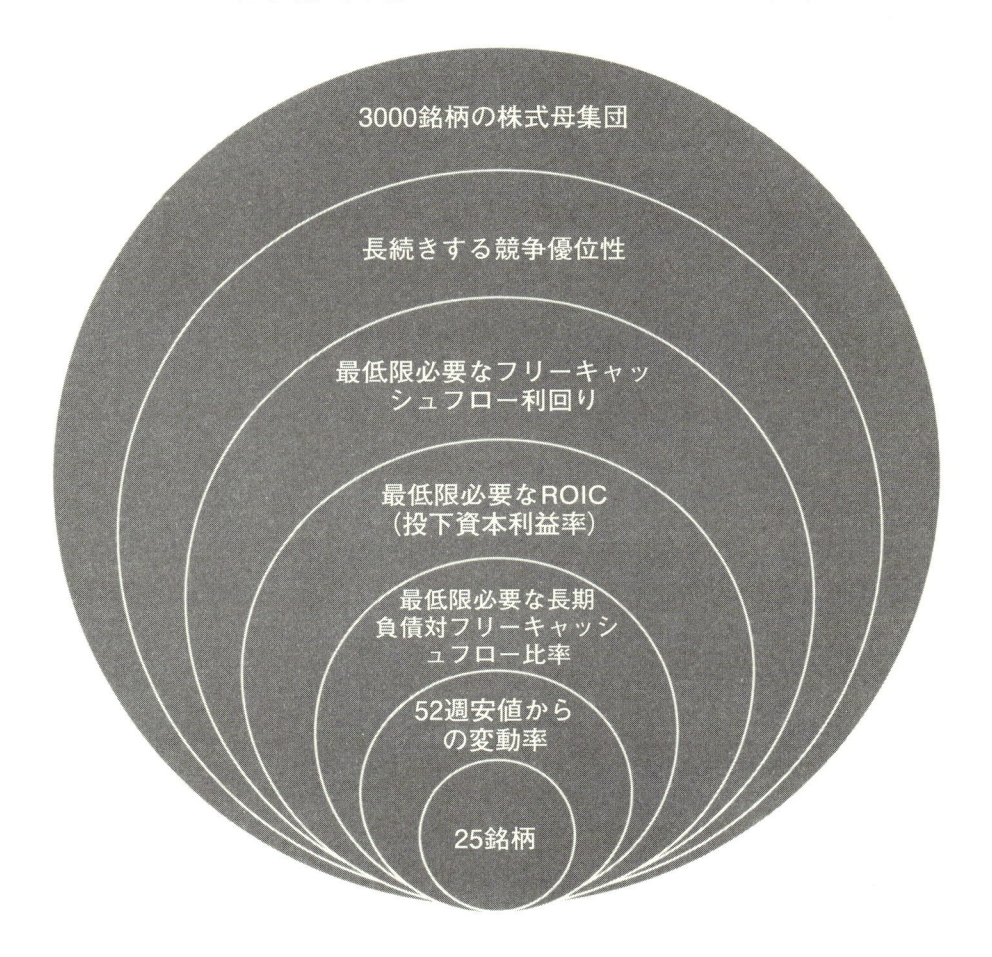

- 3000銘柄の株式母集団
- 長続きする競争優位性
- 最低限必要なフリーキャッシュフロー利回り
- 最低限必要なROIC（投下資本利益率）
- 最低限必要な長期負債対フリーキャッシュフロー比率
- 52週安値からの変動率
- 25銘柄

CONTENTS

監修者まえがき　　　　　　　　　　　　　　　　　　　　1
はじめに　　　　　　　　　　　　　　　　　　　　　　　9
　ケーススタディー1 ── 著者のプロフィール　　　　　　20
序文　　　　　　　　　　　　　　　　　　　　　　　　25
謝辞　　　　　　　　　　　　　　　　　　　　　　　　29

第1章　52週安値戦略の公式　　　　　　　　　　33
　1400ドルの本から生まれた52週安値戦略　　　　　　　42

第2章　群れの行動とバンドワゴン効果　　　　　53

第3章　フィルター1 ── 競争優位性　　　　　　61
　5つの競争力　　　　　　　　　　　　　　　　　　　64
　参入障壁　　　　　　　　　　　　　　　　　　　　67
　ネットワーク効果　　　　　　　　　　　　　　　　　69
　切り替えコスト　　　　　　　　　　　　　　　　　　71
　強力なサプライヤー　　　　　　　　　　　　　　　　73
　代替の提供　　　　　　　　　　　　　　　　　　　74
　何を見ればよいのか　　　　　　　　　　　　　　　　75
　　ウエスタンユニオン（WU）
　　ビザ（V）
　　キャンベルズ（CPB）
　　ファスターナル（FAST）
　　ウォーターズ（WAT）
　まとめ　　　　　　　　　　　　　　　　　　　　　82
　ケーススタディー2 ── 1980年～2012年の1ドルの軌跡　83

第4章　投資家が犯しやすい5つの過ち　　　　　95
　過ち1 ── 理性で判断するのではなく、感情を信じる　　96

過ち2 ── 規律の欠如とオデュッセウスの約束	98
過ち3 ── ハロー効果に無関心	100
過ち4 ── 情報過多	102
過ち5 ── 価値と親近性を混同する	104

第5章　フィルター2 ── フリーキャッシュフロー利回り　109

ケーススタディー3 ── 52週安値戦略とその復活　119

第6章　恐怖と意思決定疲れが持つ力　127

第7章　フィルター3 ── ROIC　137

複雑な指標　143
時計の針を巻き戻してみよう　146

第8章　今回だけは違うということはない　153

第9章　フィルター4 ── 長期負債対フリーキャッシュフロー比率　159

長期負債対フリーキャッシュフロー比率の計算　164
負債についての注意点　166
長期負債対フリーキャッシュフロー比率の比較　168
　比較1 ── 重機業界
　比較2 ── 化粧品業界
まとめ　173
ケーススタディー4 ── バリューを考えるとき、誇大広告は信じるな　175

CONTENTS

第10章 サンクコスト・バイアス、プライド、後悔　187

第11章 フィルター5 ── 52週安値の公式とそれを反証する私の旅　193
- フィルター1 ── 長続きする競争優位性
- フィルター2 ── フリーキャッシュフロー利回り
- フィルター3 ── ROIC（投下資本利益率）
- フィルター4 ── 長期負債対フリーキャッシュフロー比率

タイミングの問題　197
私の反証の旅　198

第12章 −25％の直近12カ月のリターンを受け入れることの重要性　207

第13章 選択的知覚と確証バイアス　221

第14章 本書のまとめ　227
フィルターのおさらい　228
- フィルター1 ── 長続きする競争優位性
- フィルター2 ── フリーキャッシュフロー利回り（安全域）
- フィルター3 ── ROIC
- フィルター4 ── 長期負債対フリーキャッシュフロー比率
- フィルター5 ── 52週の安値

あなたの役割　234

あとがき　237

はじめに

　月並みな投資家になりたい人はいるだろうか。高く買って、安く売ることに興味がある人はいるだろうか。あなたの信念や感情を裏づけてくれる情報のみを求める人はいるだろうか。株式市場が単なる博打で、超大金持ちだけがお金を稼げる場所だと信じている人はいるだろうか。
　これらの質問に対する答えがほとんど「ノー」の人は、本書はこれらと逆のこと、つまり、月並みな投資家ではなく、それよりもはるかに優れた投資家になることを達成するのに役立つものになるだろう。私の戦略に正しく従えば、月並みな結果に終わることはない。本書は、安値で買って高値で売ることを継続的に効果的に行うにはどうすればよいかを解説したものだ。また本書は、人生におけるさまざまな局面で、より賢明に考える人になるにはどうすればよいかについて解説した本でもある。
　私が本を書くことになるなど想像したことすらなかった。高校3年のとき、微積分の授業を2回取った。これは1学期に単位を落としたからではなく、数学の才覚があったからだ。教えられる数学は非常に高度なものだった。私は数学の先生になるだろうとさえ思っていたくらいだ。だが、悲しいことに、高校時代に読んだ本は1冊だけ。英語の学力テストで平均以下の点数しか取れなかったのはこのためかもしれない。私は、アメリカン・カレッジ・テスト（アメリカの大学への進学希望者を対象にした学力テスト）でも平均以下の点数しか取れないような生徒で、サッカーをやらせれば汗だくになり、友だちがギャップで買い物をするときに、救世軍で買い物をするような子だった。若いときは、自分が本を読んでいる姿など想像できないような子だった。ましてや本を書くなど、想像したことすらない。

一般的な社会通念に同調するような人間ではなかったので、これはそれほど驚くようなことではなかったかもしれない。テストの点数は並以下だったが、私には他人にない大きな長所が1つだけあった。学習意欲と、社会で広く信じられていることを反証しようとする内なる闘志を持っていたことである。普通の人だったらあきらめるようなことも、ずっと長く取り組んでこられたのはこのおかげだと思っている。
　私は軍人の家庭で育った。父が空軍に所属していたため、小さいときは引っ越しが多かったが、最終的にはフロリダに定住した。私は3人兄弟の長男だった。だから、何をやるにしても私が最初だった。発達過程の重要な時期に、クラスではいつも新入りだった。これは通常なら不利になるが、私は長男で兄がおらず、常に新しい友だちを作る必要があったため、私には特別な能力が備わっていった。心をまっさらにして、自分の意見やアプローチを自由に形成するという能力だ。両親が18歳のときに私が生まれたこと、父が機械工学の学士号を取った12歳まで救世軍で買い物をしていたことは、私にとっては神の恵みのように思えた。現状に逆らって何かをやることの価値は、両親が身を持って私に示してくれたものだ。両親は若くして結婚し、仕事をしながら大学を卒業した。すぐにリワードを求めないこと、1ドルの価値など、両親は社会における規範に逆らうような行動で、ほかと異なることの価値を私に示してくれた。
　バークシャー・ハサウェイのチャーリー・マンガーの書いた本を読んで、17世紀のドイツの数学者であるカール・グスタフ・ヤコブ・ヤコビと彼の鉄則「逆だ、いつでも逆から考えるんだ」を知ったのは、ずっとあとになってからのことだ。後年には彼の鉄則は私のマントラになり、考える基礎になり、問題を解くときのアプローチ方法になるのだが、私はヤコビの言葉を人生の早いうちに本質的に理解していたのではないかと思っている。つまり、人生における難題の多くは逆から攻めたときにうまく解けたということである。これは私の歩んでき

た道でもあった。

　ヤコビは「逆転の発想」を次のように説明している —— 問題を解くとき、まずは逆から考えて、逆から解いていくこと。望む結果を理解し、その結果に対する解を見つける代わりに、それとは逆の結果に対する解を見つける。例えば、健康になりたいと思ったら、あなたを病気にするようなプロセスを考え、それと逆のことをやる。富を築き、経済的に成功したいと思ったら、あなたが貧乏になるようなプロセスを考え、それと逆のことをやるといった具合だ。この批判的思考をもっとよく理解してもらうために、1986年にチャーリー・マンガーがハーバード高校の卒業生に贈った祝辞のなかから重要な言葉を抜き出してみたいと思う。

　チャーリーは卒業生に、成功するための方法ではなく、みじめな人生を確実につかむ方法について話した。それは、みじめな人生を確実につかむジョニー・カーソンの3つの処方箋を拡張したものだ。

1．信用できない人間になる。
2．自分で経験した範囲からのみ学び、他人からはできるだけ学ばないこと。
3．苦境において二度三度と繰り返してもダメだったら、もうあきらめて屈すること。

　私はこの逆転の発想を私の結婚に適用してみた。どうしたら満足のいく結婚生活ができるかを考える代わりに、みじめな結婚生活を送る確実な方法を考えたのである。極端に言えば、結婚を確実に破綻させるにはどうすればよいかを考えたのである。あるいは、子供に尊敬されなくなるにはどうすればよいか、月並みな人生を送るにはどうすればよいか……といったことを考えたのである。このように考えるようになると、それが習慣になる。私は悲観主義者というわけではない。

実際にはまったく逆だ。まず、否定的な結果を考え、それを基に正しい選択をしようと努力する。子供のとき、難しい迷路クイズに挑戦したときのことを思い出してみよう。迷路の逆からスタートすれば、その迷路を解ける確率は上がる。しかも、迷路の最初から始めた人よりも速く解ける。

　平均よりも多くの富を築きたいのであれば、まず平均に達する方法を考えて、そこから逆に考えていく。もしあなたが新入生で友だちをたくさん作りたいのなら、まずどうしたら友だちができないかを考え、そうしたことをやらないようにする。

　例を見てみよう。

望む結果を思い浮かべる
　生涯を通じて成功する投資家になりたい。

逆を考える
　投資家として確実に失敗する方法を考える。

逆から解いていく
　標準以下で失望する投資結果を保証してくれるような行動、投資の世界からのメッセージ、感情、投資戦略にはどんなものがあるか。

これと逆のことをやる
　あなたが投資について強く信じてきた信念を否定するような研究を探す。生存しているかすでに亡くなっているかにかかわらず、悪い意思決定をすることからあなたを守ってくれるような、学べる人物を見つける。経済予測やアナリストの推奨は正確さに欠けるということを時間をかけて客観的に学ぶ。あなたの望む結果に悪い影響を及ぼすよ

うな人間のさまざまなバイアスを理解する。感情や情熱ではなく、ロジックと価値に基づく戦略を開発する。

　これは数年前に私が実際にやったエクササイズだ。顧客のために、家族のために、両親のために、将来の孫のために、どうしたら良くなるかを模索した。
　テストで平均以下の点数しか取れなかったほかの生徒と同じだったら、私は抵抗の少ない道を選び、最低限の努力しかしなかっただろう。しかし、学力テストで平均以下の点数しか取れなかったことがきっかけになって、これらのテストによって予測される私の将来を反証するにはどうすればよいかを真剣に考えた。学力テストは私の未来を映し出す鏡だった。行く末には、私が望むこととは逆のことが待ち受けていることを私は悟った。私は懸命に努力した。その結果、大学では、ディビジョンⅠのサッカーの奨学金を得て、優等生名簿に名を連ねた。そして、金融、経済学、不動産という３つの専攻を取った。私は自分の望まないものを知っていたので、人よりも懸命に勉強した。平均的な成績の平均的な学生にはなりたくなかった。大学卒業後も平均的なキャリアに甘んじる気はなかった。人よりも優秀になりたかったから。
　自慢話に聞こえるかもしれないし、履歴書を披露しているように聞こえるかもしれない。ある意味そうかもしれないが、これはあなたが考えるような理由からではない。私が本書を書くようになった経緯を理解してもらうために、私の経験を話すのである。私の考え方を理解してもらうために、大学で良い成績を上げたことを話すのである。なぜなら、こうした経験とそれに付随する事柄は、私が金融の世界に入ったときに効果を発揮したからだ。それに、こうした経験は私だけに限ったわけではない。あなたの知っている成功した人のことを思い浮かべてほしい。彼らのほとんどは現状に満足することはなかった。成功する人は成功する考え方を持っている人たちなのだ。彼らは逆から

考え始める。つまり、そこに行き着くまでのプランを立てるのではなくて、行く手を阻むものを考え、そういった障害を回避するにはどうすればよいかを考えるのだ。潜在的な問題点を見つけ、それを回避するのである。しかも、彼らには熱意がある。意識的にやる人もいれば、本能的にやる人もいるが、彼ら全員に共通していることは、逆から考え、逆から問題を解決していくという手法なのである。

ヘンリー・デビッド・ソローはかつて次のように言った──「大部分の人は静かな絶望の人生を送り、歌を胸に墓に行く」。彼が言わんとしていることは、活発に生きよ、ということだが、希望を持てとも言っている。しかし、希望は厄介な感情だ。経済学者は希望を、サンクコスト（埋没費用＝失ったものを高く評価する）の認知バイアスと関連づけることが多い。あなたは自分の人生に、教育に、キャリアに、そしてあなたのポートフォリオに投資する。それは、その投資が豊かで実りある何かを、静かな絶望を消してくれる何かをもたらしてくれるという希望があるからだ。しかし実際には、あなたは明確な目標を持つことなく、目の前にある道をただ歩んでいくだけである。

中学校になじむことがルールに従うことを意味するのなら、金融の世界は世界最大の中学1年生のランチルームだ。もちろん例外もたくさんある。このあとのページではウォーレン・バフェットにちなんだ話をたくさん読むことになると思う。この世には同じ銘柄を組み込んだ、同じアナリストが推奨する同じ投資信託を売っている何千人という男女がいる。

それはなぜなのだろうか。ひとつには、それが簡単だからである。大学を卒業し、インデックスファンドや投資信託を推奨すればリッチな生活をすることができる。インデックスファンドや投資信託を売っていれば安心だ。「IBMを買ってクビになった者はいない」というハイテク業界の格言があるが、これはテクノロジー株を買って現状に満足することを表しているが、これはもう何十年も前の話だ。しかし、

この格言は今の投資の世界により当てはまるかもしれない。S&P500インデックスや最も評価の高い投資信託を買ったことでクビになった者はいない。S&P500インデックスを買っておけば安心だからだ。しかし、私がこれまで出会った金融のプロには健全な懐疑主義が欠けているように思える。

　ヤコビの言葉に加え、私の好きな言葉の1つは、ロナルド・レーガン大統領の言葉だ。彼は冷戦時代における米国とソ連の関係を、「信ぜよ、されど確認せよ（Trust, but verify）」と表現した。これは、物事がなぜそうなるのかを理解しようとする根気と熱心さがあるかぎり、それを信じてもよいという意味である。私は信じやすい人間だ。しかし、私はやるべきことはしっかりやる人間でもある。標準を下回るテストの点数を取ったことがきっかけになって自ら作りだした道を変える必要があると感じた。そして大学生活を通じて、一般的な社会通念を再確認することの価値を私は見いだした。あなたの目の前の道にやみくもに従う前に、時間をかけてそれを理解することが重要だ。それを選んだ背景にあるロジックを理解すれば、それを選んだことの欠点も見えてくるはずだ。

　金融のプロとして駆け出しのころ、私は世間一般の考え方に従った。私はアナリストたちが推奨する銘柄や新聞のニュースに出た銘柄、誇大広告が打たれている銘柄、ケーブルテレビで宣伝されている銘柄を売っていたこともある。しかしもっと掘り下げて調べて、疑問に思わなければならないときに、彼らに遅れまいと必死でついて行こうとした。しかし、やがて私は疑問を感じるようになった。アナリストやその商品は信用していたが、再確認するようになった。するともっと良い方法が見えてきた。

　そのもっと良い方法は改善に改善を重ねて、形が出来上がるまでに15年を要した。顧客と話し合い、専門家にも相談した。お金をかけてリサーチを行い、自分のお金を投資した。損をしたり、儲かったりし

たが、すべては再確認という名の下で行ったことだ。私は投資のあらゆる側面を逆転させた。メカニカルな面や金融面だけでなく、私たちが投資の意思決定をするときに影響を及ぼす感情面や社会的勢力に対しても逆から攻めた。絶え間なく続くこの探究の結果が、今あなたが手にしている本書であり、52週安値の公式の根底にある原理である。

　投資の本は五万とある。そのほとんどが一晩で大金が儲かりますよとビッグワードを並び立てる。短期間で桁はずれの利益が出ますよとでっちあげる。そのほとんどが、投資の「秘訣」をあなたに教えようとする。投資の本は私もたくさん読んだ。それらを分析した結果、私は次のような結論に達した。

●投資をうまくやる「秘訣」などない。良い投資は、戦略とプロセスによってもたらされるのであって、今まで見たことのない市場の秘密の場所を見つけることによってもたらされるのではない。唯一適用できるルールは、「安く買って、高く売る」ことである。これほどシンプルなものはない。
●私たちは投資を複雑化しすぎる。分かっていてそうしているのではなく、そうなってしまうのである。誇大広告に振り回されてしまうのだ。私たちには群れに従うという本能がある。感情、特に希望と恐れという感情が私たちの判断を曇らせてしまうのだ。投資は、チューインガムを噛むほど簡単ではないが、複雑にする必要もない。シンプルさを義務づけるプロセスがなければ、まごつくだけだ。
●魔法の杖などない。ビル・ゲイツの知り合いを知っている人から耳寄り情報を聞いたからと言って、何かが分かるわけではない。次なるビッグなことに賭けるのは投資ではなく、ギャンブルだ。ギャンブルをやるのは勝手だが、自宅を抵当に入れてまでやってはならない。私はよく顧客に言うのだが、「次のビッグなこと」に投資するのは、奇跡を期待するようなもので、定年後の楽しみに取ってお

たほうがよい。そんなことはやっても無意味なのである。良い投資戦略は、リスクを減らしながら、リターンを最大化するような戦略のことを言うのである。

●投資パフォーマンスは長期的にコツコツと積み上げていくものだ。「大きな利益」を生みだしてくれるような投資を見つけるための本を読んでいるのなら、それは間違いだ。前例のない利益を得たとすると、それは運が良かっただけで、あなたのスキルのおかげではない。運を当てにするのではなく、時間をかけて築き上げられるようなスキルを持つことが重要だ。運任せでは、悲嘆にくれるだけである。

●完璧な銘柄などない。アップルは良い銘柄のように見えるかもしれないし、あなたのお金をすべてあなたが働いている銀行の株に投資するのも良い考えのように思えるかもしれないが、そうではない。私が毎月見直す52週安値戦略を構成する25銘柄の打率は、7割から7割5分である。つまり、4銘柄のうち3銘柄が保有期間内に上昇するということである。これはかなり良い成績で、平均を大幅に上回る。しかし、これは同時に、4銘柄のうち少なくとも1銘柄は間違っていることを意味する。重要なのは、会社であれ投資信託であれ、1つの物にすべてを投資してはならないということである。

●今回だけは違うということはない。投資のルールその1は、「安く買って、高く売る」こと。投資のルールその2も、「安く買って、高く売る」ことだ。私が本書を執筆している今、ダウもS&Pも毎日高値を更新している。これが一生続くと思うのは愚か者だけである。と言っても、52週安値戦略は損をしないためだけの戦略ではなく、お金を儲けるための戦略だ。この戦略は一貫して市場をアウトパフォームするが、いつもアウトパフォームするわけではない。時には市場が高値を更新し、52週安値戦略が追いつかない場合もある。しかし、上昇したものは必ず下落する。この戦略はそういった避けられない下落を乗り切り、大きな利益を得ることでできるだけ早く

黒字転換することを目指す。健全な懐疑主義は、私たちを現実から守ってくれる。健全な懐疑主義を持たなければ、意図しない結果にさらされることになる。
● 投資家の考え方と信者の考え方とはまったく違う。52週安値戦略は方程式から感情をできるだけ排除するように設計されている。感情が入れば、機会とリスクを見誤ることになる。この戦略がうまくいくのは、意思決定をするときに思考プロセスから感情を排除するからだ。私の思考プロセスからも、あなたの思考プロセスからも、顧客の思考プロセスからも感情は取り除かれる。投資家として重要なのは、その会社についてあなたが感じていることと、その会社があなたに儲けさせてくれる可能性とを切り離して考えることである。ある人がある銘柄に期待している、トレンドを恐れているといった記事を読むと笑ってしまう。希望と恐怖はデータに基づくものではなく、反応に基づくものだ。冷たく聞こえるかもしれないが、けっしてそういう意味ではない。私はロボットではなく、あなたやあなたの知っているすべての人と同じように、感情を持つ人間だ。しかし、私は感情に伴うリスクをよく認識している。リスクを除去するのに私は最大限の努力をしてきた。

52週安値戦略はすぐに金持ちになれるようなものではない。だから私は大きな利益は約束しないし、約束する気もない。私があなたに約束できることは、投資機会を見つけるために一貫した戦略を持ち、リスクを低減することが、あなたやあなたの戦略にとっては有利に働くということだけである。逆から攻めること、そして、信用しても確認を怠らないことが良い結果につながるのである。この戦略に取り組むときには、自分で調べることを怠らないでもらいたい。私はこの戦略の独立したバックテストを2回行った。そのうちのひとつは、1980年からのデータを使って行い、結果は一貫性のあるものだった。つまり、

上昇相場でも下落相場でも一貫して高いパフォーマンスを上げ、市場が大暴落したときも損失は少なく、回復も早かった。
　私は子供のころから、逆から攻めることの価値を理解していたように思う。あなたにも逆から攻めることの価値をぜひ理解してもらいたい。私が本を書くようになるなど思ってもみなかったが、私は人生と投資について１つのことを学んだ。それは、期待どおりになると思ってはならない、ということだ。知り得ることを信じるほうがよい。
　本書は、心をオープンにして、しかし批判精神も忘れずに読んでもらいたい。投資に関しては、確実なことなど何ひとつない。私は人生の半分を賭してより良い方法を模索してきたが、本書でそれに最も近づけたのではないかと思っている。
　本書では、投資のメカニズムや52週安値戦略の基本となるフィルターのことだけでなく、投資家を間違った方向に導くバイアスや認知行動についても解説している。投資において良い意思決定を下すには、こういったバイアスや行動を克服し、本能ではなくロジックに従い、戦略に従い続けることが重要だ。私たちがなぜそういった意思決定をするのかを理解するための本はたくさんあるので、バイアスや認知行動についてはそれほど詳しく話すつもりはないが、投資における人間的側面を無視すれば、それは怠慢になるだろう。したがって、バイアスや認知行動についてもカバーしている。
　本書では、実際のパフォーマンスと独立したバックテストに基づくさまざまなケーススタディーを紹介している。このケーススタディーを読めば、52週安値戦略は優れたパフォーマンスを提供してくれるだけでなく、リスクを低減し、大きな損失を被ったあとの回復も早いことに気づくはずだ。30年間のバックテストについては私のところまで連絡してもらいたい（http://52weeklow.com/）。

ケーススタディー1 ── 著者のプロフィール

ヤコビの逆転の発想──もし私が平凡なままでいることを望み、みじめな人生を送りたいと思ったら、自分の現実を変える努力をすることなく、自分を取り巻く環境になじむことを選ぶだろう。なぜ自分が犠牲者にならなければならないのかという理由を探し続けるだろう。井の中の蛙のように、衆知に疑問を抱くこともしないだろう。もしこの本から何も学びたくないと思ったら、著者がだれなのか、その著者が本書を書いた動機、本書が生まれるまでの経緯を知りたいとは思わないだろう。本書の著者が専門家でも、その専門知識をどうやって手に入れたのかを知ろうともしないだろう。ただ言葉を追うだけで、その裏にある深い意味を理解しようとはしないだろう。

　私は本書を書く自分のことをどういう人物だと思っているのだろうか。常識や一般通念が間違っていることを証明することについて、私はどう考えているのだろうか。
　これは重要な質問だ。本書ではこのあと、プロセスやデータ、数字、分析がいろいろと登場する。投資プロセスから感情や感情的な投資を排除することについての私の考えにも触れるだろう。ウォーレン・バフェットやマイケル・ポーターなど金融界の偉大な人物の話も出てくる。苦境に陥っている会社や、その苦境が生みだした機会についても学ぶだろう。認知バイアスや、私たちが意思決定するときの力についても多くのことを学ぶだろう。しかし、私や私の経験についてはあまり触れることはない。私がどのようにして一般通念に疑問を抱き、先人たちが歩んだ道とは異なる正しい道を追究するようになったのかを学ぶ機会もあまりないだろう。
　こんなことを言うと、私は人付き合いが良くない人間で、ロジックやデータばかりを信じ、顧客、家族、友人、愛する人々との人間的な

関係をないがしろにしているような印象を与えるかもしれない。でもそんなことはけっしてない。資産管理業界に15年間身を置くことで学んだことは、これは人とかかわるビジネスだということである。

あなたが顧客とどういった関係を築くかは、彼らの人生における金銭的な価値だけではなく、真の価値を生みだす能力があなたにあるかどうかにかかっている。これは著者と読者の間の関係と同じである。読者は本から価値を引きだすために、本の言葉だけではなく、著者に投資するわけである。だから、読者は著者の考え、理論、アイデアを信用する前に、著者がどういう人物なのか、どういった動機でその本を書いているのかを知る必要がある。

初めて顧客に会ったとき、私はビジネスについて話をする前に、互いのことについて話をするようにしている。既存の顧客に対しても同じだ。まず互いについての話をして、それからビジネスの話に入る。人間的な関係を築くことなく話を終えると何だか後味が悪い。金融ストラテジストや金融アドバイザーとして重要なのは、顧客が私を信用してくれることである。夫として重要なのは、妻が私のことを信用してくれることであり、父親として重要なことは、子供たちが私のことを信用してくれることである。私がどういった人物かを彼らが知ることが重要なのである。友人や他人との関係も同じである。彼らに私のことを信用し、私がどんな人物なのかを知ってもらいたいのだ。

読者のあなたにも同じことを要求したい。

本書で提供する情報をよく理解してもらうためには、私がどういう人物かを読者に知ってもらうことが重要だと思っている。私は顧客のことを大事にし、彼らを単なる口座の名義人ではなく、友人や家族だと思っている。私にはそういう責任があると思っている。私がこういう人物であることを、読者に知ってもらいたいのだ。

自分自身のことを書こうかどうか迷っていたとき、友人からアドバイスされた。読者は私のことを理解することなく、本書の内容を理解

することはないと彼は言った。そこで私は、自分の経歴を事細かに書くのではなく、成功したことをひけらかしたり、失敗してもがき苦しんだことを書くのではなく、私は何者なのか、という疑問にできるだけ簡潔に答えていきたいと思う。

一般通念は疑ってかからなければならないという考えを持てたことを、私はとても幸運だと思っている。私はこれまで数々の困難を克服してきた。人生、仕事、人間関係、そして33歳で経済的独立を果たすといったあらゆることに対するアプローチは、そういった困難を克服する過程で養われたものだ。

私は、現状に疑問を抱くことの重要さを信じる人物だ。でも、何でもかんでも反対すればよいというわけではない。一般常識だから、あるいは一般に認められた習慣だから、それは間違っている、と言うつもりはない。私は人生に対して科学的アプローチを取りたいだけなのである。私がこうするのは、予想される結果に疑問を抱き、もっと良い結果を得たいと心から思っているからにほかならない。

あなたは私のことを「ノー」と言われることを受け入れない人物だと思っているかもしれないが、これまでの人生で「ノー」と言われたことは数えきれないほどある。あなたが受け入れなければならない答えが「ノー」のときはたくさんある。なぜなら、それが唯一正しい答えだからだ。私は「ノー」を額面どおりに受け取らない人物と言ったほうがよいかもしれない。なぜ「ノー」なのかを知りたいのだ。「ノー」が何か別のもの、例えば「イエス」にどうやって変身するのか知りたいのだ。

私は静かに座って最も抵抗の少ない道を選ぶ人物でもない。私は、自分自身や自分の考えに常に疑問を抱き続けている。他人のアプローチにも疑問を投じるが、彼らのアプローチが私のアプローチよりも良いときは、私は喜んで負けを認める。何があっても前進し続ける唯一の方法は、改善して結果を得ることをただひたすら目指すことである。

私の人生におけるアプローチ、そして52週安値戦略に対するアプローチが、画期的な経済理論だとは思わない。実際にはまったく逆だ。52週安値戦略は、画期的でも複雑でもない。それは感情やバイアスといった複雑なファクターを排除することで、投資という行為をシンプルにしてくれるものにほかならない。これは、投資家が純粋に望む結果（＝向上）に焦点を当てたものだ。利益の出る回数を増やし、損失を出す回数を減らす。結果の改善と価値の向上を目指す。これが52週安値戦略の目指すものである。

　顧客と話をするときに、彼らに理解してもらいたいのは、私があらゆることに常に疑問を抱き、調査し、より良い方法を模索する人物であるということである。私は常に顧客のことを考えてこれをやっている。エゴでやっているのではない。彼らに感謝の意を込めてやっているのだ。私は彼らが心理的にも経済的にも私に投資してくれることをありがたいと思っている。そのために責任も感じる。良い意思決定をし、彼らのことを常に念頭に入れて行動する義務があると私は思っている。私は読者にも同じ責任を感じている。

　私が本書を書いたのは、本書に書いてあることを世界の人々と共有するには、本を書かざるを得ないと思ったからだ。私のなかには、52週安値戦略についての考えと哲学は、ビジネスパートナーである弟のザックとだけ分かち合おうと考える自分がいたが、私の遺産とポジティブなインパクトをどうやって後世に残せばよいのかを考えているうちに、それは本を書くことだと考えるようになり、私は自分の意思に従うことにした。私が他人に対してどういった価値をもたらすことができるのかを考えたとき、それは希望であり、パラダイムシフトではないかと思っている。広範に及ぶ読書・研究を通じて、私たちが直面する最大の敵は、外的要素ではなく、自分の心だということが分かるようになった。

　本書は私のこれまでのライフワークをつづったものだ。私を私生活

においても、プロとしても成功に導いてくれたプロセスと戦略を深く探求した結果が本書である。本書は究極の投資本を目指したものではない。新しい考え方、異なる考え方があることを理解してくれればこれ以上の喜びはない。

　これで私がどういう人物かは少しは分かってもらえたのではないだろうか。私が自分のことをどういう人物と思っているか分かってもらえたのなら光栄だ。私のことを理解したうえで、そして52週安値戦略のような戦略を発見し、改善することは可能なだけではなく、必然だと考えた私の人生経験や心理を理解したうえで本書を読んでもらえたら光栄だ。

序文

　ルーク・ワイリーは、若いときの自分は優秀な生徒ではなかったと告白することから本書を書き始めているので、友人として私も自分のことを告白したい。私はかつて、自分こそが次なるウォーレン・バフェットになるのだと信じて疑わなかった。

　子供のころ、動物を育てて、それをカウンティーフェア（郡で年一回開催されるお祭りで、農産物・家畜の品評会やゲームなどいろいろなイベントが行われる）で売った。お金が貯まってくると、そのお金を何に使おうかと考えた。祖母が私の学習向上のために、ベンジャミン・グレアムの『**賢明なる投資家 —— 割安株の見つけ方とバリュー投資を成功させる方法**』（パンローリング）を買ってくれた。これはバリュー投資の哲学について書かれたものだ。当時私は12歳で、感謝するどころか、ニンテンドーを買ってくれなかったことに内心がっかりした。しかし、とにかくその本を読んでみた。私はその本が大好きになり、バリュー投資のとりこになった。

　それからの10年、私はバリュー投資の本を貪り読んだ。シカゴ大学の金融博士課程で学んだ知識を実践で試すことにした私はバリュー株に投資した。博士課程の最初の2年は、金融学の教授が吐き出す理解できない情報と数学公式を消防ホースから出てくる水のように浴びせられた。それはけっして楽しいものではなかった。しかし、私はとにかくそれに耐えた。そんなときに出会ったのが、金融経済学と心理学の接点を探求していたニック・バーベリス教授だった。これは後に「行動経済学」として知られる成長分野になった。博士課程では私はバーベリス教授のゼミに参加し、行動経済学に関する学術論文を山のように読んだ。新しい知識をどのように応用すればよいのか分からなかったが、金融経済学を本当に理解するには心理学が不可欠だと思った。

バリュー投資と行動経済学に関する研究をまとめたものが共著の『クオンティタティブ・バリュー（Quantitative Value）』である。私の本は次のことに気づかせてくれる――①私はけっしてバフェットにはなれない、②システマティックな意思決定プロセスとバリュー投資哲学を組み合わせることは富を増やす方法として成功してきた。

　本書は成功するための２つの重要な要素を教えてくれる――①プロセスはシステマティックでなければならない、②公式はバリュー投資哲学に従っていなければならない。ワイリーがマントラのように唱えていることは、分析プロセスは逆から攻めよ、ホームランは狙うな、である。本書で彼は、感情と行動バイアスを排除し、成功率を高める投資プロセスについて解説している。このプロセスは、「オマハの賢人」（ウォーレン・バフェットのこと）や、ベンジャミン・グレアムが熱狂した友人「ミスター・マーケット」を彷彿とさせるものがある。

　アルバート・アインシュタインはかつて次のように言った――「物事はできるかぎりシンプルにすべきだ。しかし、シンプルすぎてもいけない」。エレガントなシンプルさを持つ本書はこの哲学を踏むものだ。ワイリーは、投資家がボールを敵陣に運び、タッチダウンするのを手助けしてくれる５つの基本要素を掲げ、この５つの要素が長期的になぜ機能するのかをうまく説明している。ベン・ホーガンが『モダン・ゴルフ』（ベースボールマガジン社）でゴルフ理論を５つのレッスンにまとめたように、ワイリーは投資プロセスを投資を成功に導くための不可欠な要素と考える５つの基本的な要素に還元している。

　銘柄選択やポートフォリオの構築といった投資の層を１枚１枚はがしていく彼のやり方は素晴らしく、理解しやすい。52週安値の公式をはじめとする利益の出る投資プログラムで成功するには、規律に従い、長期的なパフォーマンスを重視する必要があることを読者に理解させるために、本書には実在の会社、真の勝利、真の損失についてのストーリーが満載だ。

最初は、52週安値の公式にどんなメリットがあるのだろうと、疑いを持つかもしれない。私もかつてはそうだった。学術用語では、「52週の安値」は「ローモメンタム」を意味する。経験主義の研究者は、モメンタムの低い株を買うのは愚か者のやることだと言う。にもかかわらず、ワイリーはローモメンタムポートフォリオを逆から攻め、投資コミュニティーや学術コミュニティーが取りこぼした証券のなかに大きな価値を見つける。あなたも私と同じように、彼の公式にはうれしい驚きを感じるだろう。銘柄選択に頭を悩ませ、壁に頭を打ちつけたくなったとき、ハイパフォーマンスな銘柄を見つけるワイリーのシステマティックなアプローチはあなたを救ってくれるはずだ。偉大な投資家が言うように、証拠、安全域、健全な常識に基づく投資哲学は、長期的に高いリスク調整済みリターンをもたらしてくれるのである。

2014年3月11日
　　ウェスリー・R・グレイ博士（エンピリトラージの経営幹部
　　　メンバー兼『クオンティタティブ・バリュー』の共著者）

謝辞

　本書を書くにあたっては多くの人に力添えいただいた。
　まず最初に感謝したいのは私の家族だ。いつも私を支えてくれる愛する妻、メリッサ。君は私にとってすべてだ。私が人として、そして父親として今日あるのは、神の思し召しである君のおかげだ。そして、私のビジネスパートナーである弟のザック。この戦略を開発するにあたって、反対意見をいろいろと述べてくれた君に感謝する。人に尽くし、人に与えることを惜しまない君の性格を私はいつも尊敬している。背が高い私の弟、ジョッシュは、インスピレーションを与えてくれた。そして、両親のラリーとアネッテ・ワイリー。彼らは不可能なことは何もないといつも言ってくれた。子供のころ、現状に打ちひしがれたとき、「なぜ私じゃないの？」と問うことを教えてくれた。スタンドに静かに座っている傍観者ではなく、私を取り巻く世界で積極的な役割を果たせば、人生はより満たされた実りあるものになることを教えてくれたのもあなたたちだった。私は今、自分の行動と言葉を通じて、人々が自分たちの考えに疑問を持ち、「なぜ私じゃないの？」と問うように促せていけたらと思っている。
　UBSのリーダーシップスタッフと調査スタッフのサポートと理解に感謝する。あなたがたの熱心さと洞察力には脱帽する。UBSで働いていなければ、本書を書くことなど夢にも思わなかっただろう。UBSは私にとって特別な場所だ。本当にありがとう。
　チームメンバーのリン、カレン、ニックに感謝する。彼らは私が軌道を外れないように常に見張っていてくれた。あなたたちのエネルギー、集中力、献身は秘密のレシピの重要な要素だ。
　『クオンティタティブ・バリュー（Quantitative Value）』の著者であるウェスリー・グレイに私を紹介してくれたのはUBSの同僚であ

るトム・フランクだ。トム、本当にありがとう。グレイはこの戦略にメリットがあることを信じてくれ、私をワイリーの編集者のビル・ファルーンに紹介してくれた。52週安値の公式に価値をみいだしてくれたビルに感謝する。そして、ワイリーのスタッフにも感謝する。あなたたちが本書に関心を持ってくれたおかげで、読者に最高の形で本書を届けることができた。

　ウォーレン・バフェット、ハワード・マークス、ブルース・グリーンウォルド、ヘイウッド・ケリー、ロブ・クナップ、ジェームズ・モンティエ、クリス・デービス、マイケル・ポーター、ブルース・バーコウィッツ、パット・ドーシー、セス・クラーマン、ダニエル・カーネマン、メアリー・バフェット、マイケル・シェアン、ポール・ソンキン、ジョッシュ・ローゼンバーム、ドナルド・キーオ、チャーリー・マンガーをはじめとするその他大勢の偉大な人々の考え方、インスピレーション、リーダーシップに感謝する。あなたがたが私のやっていることに与えた影響は甚大だ。一人ひとりに会って感謝の意を表することはできないので、この場を借りて感謝する。

　私の友人であり、思索のパートナーでもあるカーティス・ジマーマンに感謝する。彼は何年にもわたって本書を書くように駆りたててくれた。

　友人であり、協力者でもあるクレイグ・ハイムバッハに感謝する。あなたの友情と、本書の雑な部分を手直ししてくれたことに感謝する。あなたの協力は非常に貴重だった。永遠に感謝する。

　「経済的な堀」を調査してくれたモーニングスターの株式アナリストの面々にも感謝する。彼らの調査レベルは非常に高く、私たちにとって貴重なツールであり続けるだろう。

　思考が私に多大な影響を及ぼした２人の故人にも感謝する。１人は、**『証券分析』**（パンローリング）と投資家として成功するための哲学と考え方を書いた**『賢明なる投資家』**（パンローリング）の著者であ

るベンジャミン・グレアムだ。そしてもう1人が『望みの人生を引き寄せる秘法　ザ・ストレンジスト・シークレット──30日で夢を叶えるコーチング』（徳間書店）と、なりたい自分になるための哲学について書いた『Lead the Field』の著者のアール・ナイチンゲールだ。

　そして私の顧客にも感謝する。彼らは今では私の友人で、私の考え方にいろいろと意見してくれた。常に違った考えを持ち、私の主張を信じるけれども確認しようとするあなたたちの意欲は私にとって貴重な宝だ。

　もしかしたら、感謝すべきなのに感謝の意を表していない人がいるかもしれない。この場を借りて感謝する。

深い感謝の意を込めて

　　　　　　　　　　　　　　　　　　　　　　　　　　　ルーク

第1章
５２週安値戦略の公式
The 52-Week Formula

「逆だ、いつでも逆から考えるんだ」――カール・グスタフ・ヤコブ・ヤコビ

　逆――何とシンプルな概念だろう。何か問題が発生したら、うまくいかないやり方をまず考える。そうすれば、正しい答えはおのずと分かってくる。冒頭に掲げた19世紀のドイツの数学者であるカール・グスタフ・ヤコブ・ヤコビの格言に初めて出合ったとき、私の琴線に触れた。私がそれまで意思決定を行ってきたやり方が、この逆から考えるという思考法だったのである。体重を減らしたいと思ったら、まず太る方法を考え、その逆をやればよい。もっと良い父親になりたいと思ったら、まず子供が父親から離れていくようなことを考え、その逆をやればよい。金融界での私のキャリアはヤコビの格言によって最もよく言い表わされているように思えた。投資の黄金律「安く買って、高く売れ」は特にそうである。

　これは投資の基本だが、金融の世界では乱用され、最も従われない原理だ。つまり、投資家の多くは逆のことをやってしまうのである。注目銘柄をもっと上昇することを期待して買い、下落し始めてもしがみついたままで、結局、損失を出してしまうのだ。彼らを操っているのは、株価はすぐにまた上昇するという考えだ。すぐに上昇して絶対に勝てるという気持ちにさせられるのだ。そこにはロジックもなく、規律もない。

　今にも下落するような株を買わないとしても、彼らは自分たちのよ

く知っているものに投資する。これは抵抗の最も少ない道だ。彼らはやるべきこともやらずに、本能、直観、慣れ親しんだ道、希望的観測に依存する。これは、『アンシンキング（Unthinking)』や『ファスト＆スロー —— あなたの意思はどのように決まるか？』（早川書房）などの本でも言われているように、無意識の安らぎ、快適さを与えるコグニティブ・イーズ（認知容易性）という作用によるものだ。

現状を維持しようというこの考え方は、システム1（ノーベル賞を受賞した経済学者のダニエル・カーネマンの『ファスト＆スロー』より）が作用しているときの考え方だ。これはリアクティブで、直感的で、最も抵抗の少ない道に従う傾向が高い。これは疑問を持たない思考だ。これとは対照的に、システム2は物事を当たり前とは考えない思考だ。これは、考えることと、板目に逆らうこと —— 特に板目が間違っている場合 —— を要する批判的思考である。と言っても、何でもかんでも反対するという意味ではなく、目的を達成しようとする思考、単に最も簡単な意思決定ではなく、できるだけ最高の意思決定をしようとする思考を表す。

心理学者はこの2つの思考システムのことを二重過程理論と呼んでいる。つまり、行動、反応、認知をするうえで、私たちはシステム1とシステム2という2つの思考方法を使い分けているのである。どちらの思考方法も有効だが、両者の違いを知ることは、特に52週安値戦略のような投資戦略を考えるうえで重要だ。

システム1は直観的で素早い反応を支えている。これは、マルコム・グラッドウェルがベストセラーとなった『第1感 —— 「最初の2秒」の「なんとなく」が正しい』（光文社）のなかで詳細に述べているような反応だ。システム1を使っているとき、私たちは情報はあまり取り入れず、その少ない情報で素早く推定する。つまり、限定されたデータに基づいて素早い判断を下すのである。暗い路地を歩くな、と教えてくれるのはシステム1である。白熱した会話もシステム1である。

システム１は完璧に感情的というわけではないが、感情を引き起こすものだ。システム１の思考状態にあるとき、あなたの心は無意識のつながりを作り出すニューロンを喚起している。いわば、思考をしない思考とも言える。スクリーンの下端の株式ティッカーにあなたが保有している会社の否定的なニュースが流れたとき、すぐに売れと言ってくるのがシステム１である。システム１は深い思考ではなく、あなたを安全に保つためにいつもオンの状態にある極端に素早い思考だ。例えば、髭そりや歯磨きといった日常的なことを行うとき頭で考えることなく行っている。これはシステム１を使っているからだ。

一方、システム２はシステム１とはちょうど逆の関係にある。データから結果を予測したりするとき、システム２が活躍している。システム１が自動的に起こるのに対して、システム２はもう少し理論的だ。システム２は、文脈を処理し、認知バイアスの発生を防いで情報に基づいた意思決定を行うような思考方法のことを言う。例えば、暗い路地を歩く危険性とメリットを考えさせるのがシステム２である。システム２を使っているとき、会話で白熱することはなく、何を言いたいのかじっくりと考えてから発言する。スクリーンの下に流れる株式ティッカーを別の情報源ととらえ、さらなる情報を見つけるためのきっかけと考える。システム２は、日常的なことを変える計画を立て、長期的な利益を考えるシステムだ。

52週安値戦略はシステム２である。これは多くのデータポイントに基づいて長期的な意思決定を行う戦略だ。システム１は素早く利益を得るための機会をとらえ、システム２である52週安値戦略は、富を築くために良い意思決定をする。

システム１の投資は、事前に設定されたルールに従い、批判的思考を回避し、あらかじめ決められた道に従うような投資法である。投資信託を買うのには何の努力もいらない。マネーマネジャーが名前の後ろにより多くの頭文字（CFA［証券アナリスト］、MBA［経営学修

士]、博士号など）を持っているほど、良い結果が得られることを信じているからだ。でも、これは間違いだ。こうした投資信託は比較的馴染みがあるため、あまり多くの思考を必要としない。パフォーマンスがあまり良くないという証拠があっても、いつもどおりに買ってしまう。個人や投資家の多くは、やるべきことをやる時間を取らず、自分たちの信念体系を疑うこともしない。彼らは表面的な記事を読み、感情に従い、すでに高値近くにあるものを買ってしまうのだ。投資信託やインデックスファンド、あるいは株価が高くウォール街が好むような株に投資するのは心理的に楽だ。このバイアスを「同調性バイアス」と言う。私たちは何らかの形でこのバイアスを持っている。これはあなたの資産に深刻な影響を及ぼすバイアスだ。投資信託の４分の３は10年にわたってベンチマークをアンダーパフォームしているが、投資家の行動は変わることはない（http://www.forbes.com/sites/richardfinger/2013/04/15/five-reasons-your-mutual-fund-probably-underperforms-the-market/、http://www.businessinside.com/84-mutual-funds-underperform-2012-3、https://pressroom.vanguard.com/nonindexed/7.5.2013_The_bumpy_road_to_outperformance.pdfを参照）。

　何かが間違っていることに気づくまでに時間はかからなかった。間違っていないかもしれないが、正しいわけでもない。当時、私は20代で、大きな会社で働く若い金融アドバイザーで、多くの顧客を持っていた。彼らにあの手この手で投資信託を買わせることが私の仕事だった。でも、正直言ってうんざりしていた。仕事はうまくいっていた。顧客も満足してくれているように思えた。でも、もっと良い方法があるはずだと思っていた。私の目を覚まさせたのは、世界最大の家庭用品会社であるプロクター・アンド・ギャンブルの株価がおよそ50％下落し、2000年３月７日に６人のウォール街のアナリストがこの会社の株を格下げしたときだった。すると、私の顧客の１人が面白いことを

言ってきた。P&Gが崖から転げ落ちたんだ、だから買い増ししたいと。私は、私の会社も含め、6人のアナリストがこの株を格下げしたんですよ、と言ったのを覚えている。でも、その顧客は「絶対に買う」と言ってきかなかった。きっと後悔するだろうとは思ったが、私は彼に言われたとおりに買った。しかし、そのあと株価は上昇し、彼は大金を手にした。

　ほとんどのアナリストは、抗生物質の投与が効いて、株価が復活したことが周知の事実になると株を格上げし、その会社が病気で、最近株価が下落していることが周知の事実になると、株を格下げするという事実に私は気づいた。

　投資家としての最大のリスクはどこにあるのだろうか。だれもが好み、投資家やウォール街のアナリストが熱狂し、52週の高値近くで取引されている銘柄を買うことだろうか、それともだれもに嫌われ、投資家やウォール街のアナリストが無視し、52週の安値近くで取引されている銘柄を買うことだろうか。

　ヒント　現在株価が高い会社はあなたにお金をもたらさない。その会社がお金をもたらすのは、すでにその株を所有していた人に対してである。あなたがその株を買うとなると、莫大な資金を投入しなければならない。現在株価が安い会社は、あなたにお金を失わせることはない。その会社がお金を失わせるのは、すでにその株を所有していた人に対してである。どちらを買えばよいのか、もう分かったはずだ。投資家はどちらの株を買うだろうか。

　安く買おうと思ったら、ニュースによる評価もアナリストの推奨も投資家の熱狂もあまり高くない株を買わなければならないのではないだろうか？

　高く売ろうと思ったら、ニュースによる評価、アナリストの推奨、投資家の熱狂が非常に高くなければならないのではないだろうか？

　ジェームズ・モンティエはその著書『リトル・ブック・オブ・ビ

ヘイビオラル・インベスティング(The Little Book of Behavioral Investing)』で、予測することの愚かさを説いている。人間である私たちは予測があまり得意ではない。経済学者は過去4回の不況を予測できなかったし、投資アナリストは驚くほど間違った予測をする、と彼は書いている。投資アナリストの2年予測は94%の確率で間違っており、12カ月の予測ですら45%の確率で間違っている。

　次にアメリカの経済状況のニュースを聞くとき、あるいは友人やアドバイザーが長期予測に基づいてアドバイスするとき、このことを念頭に置いて聞くべきである。では、なぜ私たちはみんなと同じ行動を取ろうとするのだろうか。

　未来を知り、安心したいと思うのは人間の本質だ。しかし、だれかの予測に頼るのは間違いだ。私たちは権威のある人や、私たちよりも信頼が置け、経験豊富で、高い教育を受けた人を信じる傾向がある。しかし、未来がどうなるのかはだれにも分からない。そんなことが分かる人はだれ一人としていない。したがって、現在と過去についてあなたが知り得ることに基づいて意思決定をしたほうが良いとは思わないだろうか。

　私は他人と同じ行動を取ったことはない。軍人の家庭で育ち、町から町へ、基地から基地へと引っ越しが多かった。運動神経は良いほうだったが、運動選手になろうと思ったことはない。いったん、やり始めたからにはそれをトコトン突き詰めようと自分に言い聞かせてきたし、けっして歩みを止めることはなかった。そして、自分の自尊心と自信を形成するのに他人に依存することは無意味だと思ってきた。おそらくこうした性格は、引っ越しが多かったせいかもしれない。両親が模範で示してくれたものかもしれない。これが私という人間なのかもしれない。

　他人を見るとき、こうした性質を持っていると私は尊敬する。両親のラリーとアネッテ、ナポレオン・ヒル、ネルソン・マンデラ、エイ

ブラハム・リンカーン。ハワード・マークス、クリス・デービス、チャーリー・マンガー、セス・クラーマン、ブルース・グリーンウォルド、ブルース・バーコウィッツ、ジョエル・グリーンブラットといった私が尊敬する投資家は、群れに従って他人に合わせようとはしない。彼らは私が理想とする不屈の精神と誠実さを兼ね備えている。

　私が人とは違う道を行こうと決めたのはこのためだ。最新の投資信託を売って、お金も儲かったし、金融アドバイザーとして成功もした。しかし、私にとって成功とはお金だけで測れるものではない。仕事で達成感を味わいたいのなら、本能に従ってもっと良い道を見つけなければならないことを悟った。顧客に対して平均を上回るより良い結果をもたらすには、売り上げシートではなくロジックから導き出されたルールと原理に基づき、規律を必要とする今までとは違う投資方法を見つける必要があることに気づいたのだ。

　私がもっと良い方法があることに最初に気づいたのは、大きな金融サービス会社で命令に従って働いていた20代のときだった。私は投資信託を売り、アナリストから与えられるアドバイスに従った。でも、資産管理がだれもと同じことをやることだという考えには違和感を感じていた。

　ウォール街の専門家たちのコンセンサスにやみくもに従っていればある種の安心感が得られ、物事をほかの方法でやることが非合理的に思えてくる。しかし、それがどんなに印象的でも、「コンセンサス」に従えばあなたの資産が危険にさらされることを示す研究は無数にある（メブ・ファーバーの「The Folly of Forecasting」を参照。http://mebfaber.com/2010/03/01/the-folly-of-forecasting/）。本書の４ページに掲げた経済学者のジョン・ケネス・ガルブレイスの言葉はこれをよく物語っている――「経済予測の唯一の役割は、占星術がマシに思えるようになることくらいだ」（ナッシム・タレブの『まぐれ――投資家はなぜ、運を実力と勘違いするのか』［ダイヤモンド

社]で引用されている）。

　つい最近、予測の正確さについて調査した研究を読んだ（デービス・アドバイザーズの「The Wisdom of Great Investors」を参照。http://davisfunds.com/downloads/WGI.pdf）。これはウォール・ストリート・ジャーナルの「Survey of Economists」に掲載されたもので、1982年12月から2012年12月までの金利の方向性の6カ月予測と金利の実際の方向性とを比較したものだ。経済学者たちに次の6カ月の金利が上昇するか下落するかを聞くと、彼らの予測は64％の確率で間違っていた。彼らは30年物国債や10年物国債の次の6カ月における金利を聞かれたわけではなく、金利が次の6カ月で上昇するか下落するかを聞かれただけである。正しく予測したのはわずか36％にすぎなかった。

　なぜ私たちは専門家の言葉に耳を傾け続けるのだろうか。これはコグニティブ・イーズ――怠け者でやるべきことをやらず、無意識の安らぎ、快適さを感じる――だけではなく、「ハロー効果」（モノや人を評価するときに、ある特徴的な一面に影響され、その他の側面に対しても同じように評価してしまうこと）という潜在意識が関係している。ハロー効果は意思決定において顕著に現れる。ウォール街のアナリストも投資コミュニティーも、私たちはみんなハロー効果に注意する必要がある。フィル・ローゼンツバイクがマッキンゼー・アンド・カンパニーのために書いた文書のなかにハロー効果を説明する部分がある。

　　売り上げと利益が上昇し、株価も急上昇している会社を考えてみよう。こういった会社は、しっかりした戦略を持ち、ビジョンを持ったリーダーシップを備え、社員はやる気があり、顧客志向で、活気のある文化を持っている……と考えがちだ。しかし、この会社の売り上げが減り、利益も減少すると、多くの人は、この会社の戦略は間違っていた、従業員は現状に甘んじ、顧客を無視し、

文化は面白みがなく……と結論づけてしまう。しかし、こういったことは、すべてとは言わないまでも、ほとんど変わっていないのだ。私たちがその会社の戦略、リーダーシップ、従業員、文化などをどう見るか、つまりどんな印象（ハロー）を受けるかは、その会社の業績によって決まるのである（フィル・ローゼンツバイクの「The halo effect and other managerial delusions」を参照。『マッキンゼー・クオータリー』2007年2月号。http://www.mckinsey.com/insights/strategy/the_halo_effect_and_other_managerial_delusions）。

　成長株として知られる会社の株価と、嫌われ銘柄として知られる会社の株価を比べた場合、どちらの会社が優位だと思うだろうか。
　成長株のほうが優位だと思うはずだ。これは株価の高い会社は業績も良いと思う私たちの確証バイアスによるものだ。しかし実際には、最高の成長機会を持っているのは嫌われ銘柄なのである。このバイアスはこれ以外のときも現れる。洗剤を買うためにあなたが最後に雑貨屋に行ったときのことを思い出してみよう。お目当てのものがないとして、どの洗剤が最も良いかをあなたはどうやって決めるだろうか。パッケージもひとつの選択要素になるかもしれないが、値段が最も高い洗剤が最も良い洗剤だと思ってしまうのではないだろうか。これも一理ある。しかし、洗剤はほとんど同じ要素でできており、効果も似通っているため、判断を誤ってしまう可能性が高い。ジェームズ・モンティエは、プラセボ効果と成長株の研究で、ブランド物の鎮痛剤とノンブランドの鎮痛剤の比較をしている（ジェームズ・モンティエの「Mind Matters」を参照。『Societe Generale』2008年3月10日。http://www.designs.valueinvestorinsight.com/bonus/bonuscontent/docs/Montier_Cheapness_Bias.pdf）。値段の高い鎮痛剤を買った被験者は、与えられたのが偽薬であったにもかかわらず、値段の安い鎮痛

剤を買った被験者よりも痛みが和らいだと答えた。これは「安いもの」に対するバイアスだが、質を測る指標として価格を優先させるのは、私たちがどのようにプログラミングされているかを示す良い証拠である。これはシステム1の思考だ。私たちは、不完全で誤解を与えるようなデータに基づいて意思決定しているのである。

　私は従来の方法で成功したが、満足感というものがどういうものなのかを理解したのは、そのシステムを批判的に評価し始めてからだった。私はほかの投資戦略リーダーたちの研究を読みあさり、成功した人たちは富を構築しそれを維持するのをどのようにやったかについて研究を重ねた。やがて私は自分のアプローチに取り組み始めた。

1400ドルの本から生まれた52週安値戦略

　私は早速仕事に取り掛かった。真実がおのずと姿を現すまで、あらゆるものを読み、数学も勉強した。そして、1400ドルの本の一文からそれはひらめいた。52週の安値に注目せよと私に語りかけてきたのは、セス・クラーマンの『マージン・オブ・セイフティ（Margin of Safety：Risk-Averse Value Investing Strategies for the Thoughtful Investor）』を読んだときだった。「魅力的な投資機会の発見への挑戦」という章で彼は次のように述べていた――「例えば、ウォール・ストリート・ジャーナルで下落率が最大で安値を更新した銘柄を見ていると、時として人気のない銘柄に注目するという投資アイデアを思いつくことがある」。これで私の猟場は定まった。それ以降、私は52週の安値近くにある会社に注目するようになった。そして次第に答えが見えてきた。52週の安値に注目すればよいのだ！

　驚くべきことに、52週の安値は、『**新賢明なる投資家――割安株の見つけ方とバリュー投資を成功させる方法**』（パンローリング）の第15章の「適切な尺度で調べること」という項目のなかでも投資の肥沃

土として推奨されていた。

　大多数の人とは違って、最良のプロ投資家の多くが最初に興味を持つのは、株価が上昇している銘柄ではなく、下がっている銘柄である。ツイーディ・ブラウン・グローバル・バリュー・ファンドのクリストファー・ブラウン、オークマート・ファンドのウィリアム・ニーグレン、FPAキャピタル・ファンドのロバート・ロドリゲス、トーレイ・ファンドのロバート・トーレイらはみんな、ウォール・ストリート・ジャーナルの52週の安値を更新した日々のリストや、バロンズの「マーケットウイーク」の似たような表を見ることを勧めている。こうしたリストや表は、流行から取り残されて愛されない銘柄や業界、したがって見方を変えれば高いリターンを提供してくれる可能性の高い銘柄や業界へとあなたを導いてくれるだろう。

　52週安値戦略はシステム１の思考の対極にあるものだ。認知バイアスや感情に基づく意思決定を防ぐために、測定し、考え、常に疑問を持つ。これは、本当の機会を持つ投資を見つけるためのシステム２の思考のアプローチなのである。

　あなたが名前を知っているような、その商品を使っているような世界最高の会社でも、悪いときはある。株価は下がり、成長率は減速する。しかし、こういった会社は根本的には健全だ。私の考えでは、こうした悪いサイクルに入っている会社は、市場平均を打ち負かす賢い意思決定をしようとする規律ある投資家にとって、最高の機会を提供してくれる。

　これは「マネーボール」のようなものだ。マネーボールとは、マイケル・ルイスが書いた同名の本に出てくる経営危機に瀕した球団を再建するためのシステム２の思考の統計学的アプローチである。大リー

グのオークランド・アスレチックは豊富な資金力を持つほかのチームに太刀打ちできないでいた。そんななか、彼らは実績のある選手に目を向け始める。彼らは若くはなかったし、ケガの履歴もあったが、彼らが残した記録は雄弁に物語っていた。これは、今活躍しているプレーヤーに注目するのではなく、素晴らしい実績を持つプレーヤーに注目することの重要さを教えてくれる本だ。

私は何年もかけて52週安値戦略の原理を改良し、データをバックテストし、自分のお金を投資してきた。結果は素晴らしいものだった。退職資金をちょっとばかりほかとは違ったアプローチで投資する意欲のある私の顧客も大満足だった。

52週安値戦略は理論的には非常にシンプルそうに見えるが、事実、非常にシンプルなものだ。私たちは５つの基準に基づいて会社を選ぶ。

１．その会社は長続きする競争優位性を持っているか

その会社は、難しい市場を独占してきた会社か。彼らと競争すれば不当に高い投資を強いられるため、競争しても勝ち目はないような会社か。

２．その会社はフリーキャッシュフロー（FCF）で考えた場合、買う価値があるか

その会社を丸ごと買うとした場合、生成されるフリーキャッシュフローは10年物国債に投資した場合の利益を上回っているか。10年物国債によって生み出されるキャッシュフローは「無リスク」であるのに対して、会社から生み出されるフリーキャッシュフローにはリスクがある。

３．その会社のROIC（投下資本利益率）はどれくらいか

その会社はCOC（資本コスト）を上回るリターンを上げられるよ

うにお金を賢く使っているか。それとも、COCを下回るリターンしか上げられないため、株主利益を損なっているか。その会社はリターンを生みだすためにお金を賢く投資しているか、それともお金を利益をもたらさない悪い投資に投じているか。

4．長期負債をフリーキャッシュフローで短期間で返済することはできるか

　大金を稼いでいる会社はたくさんある。しかし、収益が減少しても、長期負債をフリーキャッシュフローで短期間内に返済する能力がその会社にはあるか。

5．株価が52週の安値近くにあるか

　52週安値の公式は、どんなに良い会社でも横転し、株価が低迷するときがあるという考えに基づくものだ。あなたが買おうとしている会社は、投資コミュニティーやウォール街のアナリストから完全に見放された会社なのだから、これはこの戦略にとって最も重要な要素だ。資金難に陥っているが、高く評価されている良い会社を買ったほうがよいのか、それとも、豊富な資産を持ち過大評価されている良い会社を買ったほうがよいのか。どちらが心理的な安心感を与えてくれるだろうか。私が顧客たちと共有する１つのことわざがある――「その投資が心理的に安心感を与えてくれる場合、あなたはその会社にお金を払いすぎている」。ウォーレン・バフェットは次のように言っている――「あなたはミスター・マーケットが落ち込み、在庫を処分しているときに彼と取引すべきで、彼がエキサイトしてあなたと取引したがっているとき、あなたは彼に背を向けるべきである」。覚えておいてほしいのは、**ただ単に52週の安値で取引されている会社を買うのではなく、52週の安値近くで取引され、高い評価を得ている良い会社を買うということである**。詳しくは本書を通じて解説していく

図1.1　52週安値戦略の5つのフィルターの公式

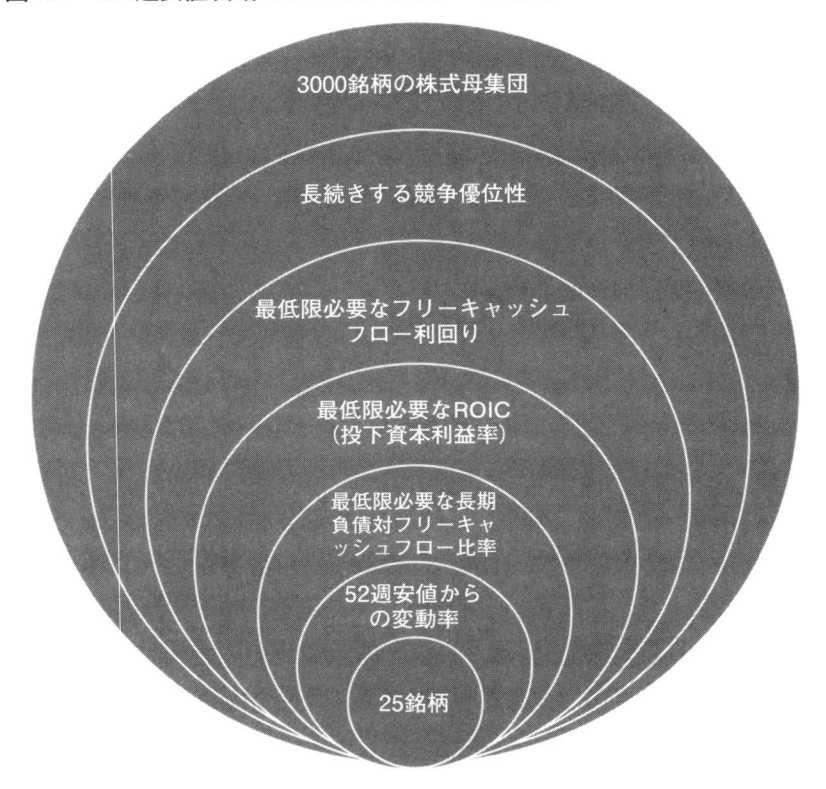

- 3000銘柄の株式母集団
- 長続きする競争優位性
- 最低限必要なフリーキャッシュフロー利回り
- 最低限必要なROIC（投下資本利益率）
- 最低限必要な長期負債対フリーキャッシュフロー比率
- 52週安値からの変動率
- 25銘柄

が、5つのフィルターは、その会社が末期的疾患をわずらっているのか、軽い感染症なのかを見極め、時間がたてば抗生物質が効いてくるのかどうかを判断するためのツールである。

　つまり、**52週の安値近くで取引されている「どんな会社」でも買うのではなく、52週の安値近くで取引されている「正しい会社」を買うということである**。もしそれが間違った会社だった場合、つまり経済状態の良くない業界（例えば、鉄鋼業）の会社だった場合、その会社は永遠に52週の安値のままで、あなたはその投資では損をする可

能性が高い。

　52週安値戦略は、最終目標（下方リスクが少なく、市場をアウトパフォームする）を定め、そこから逆にたどって、可能性を持つ広い世界を絞り込んでいくという戦略的な方法だ。具体的に言えば、3000社の上場会社を、近い将来、真の価値を生みだす可能性の高い25社に絞り込むロジックに基づいた規律あるアプローチである（**図1.1**）。

　これらの順次的フィルターを考えていたとき、これは何か重大な発見につながるのではないかという気がしていた。もっと良い方法が必ずあるといつも信じている自分が肯定されているような、エネルギーが湧いてくるような感じがした。本書でこのあと話すが、実は私はこの戦略を反証する方法を探していた。自分自身の公式を疑ってかかる必要があると思っていたのだ。この公式をバックテストすることで、本書の各章やケーススタディーで実証されているように、私の考えは正しいことが分かった。前の５つの質問を理解すれば、良い会社を見つけるのになぜこれらの質問が重要なのか分かるはずだ。経済状態の良い業界に属している良い会社が崖に瀕すれば、その会社はもう二度とそういった崖に瀕することはない。事実、こういったタイプの会社は自分たちの過ちを是正し、再び上昇し始める。世界一の家庭用品メーカーのプロクター・アンド・ギャンブルを考えてみよう。2000年３月７日、この会社の株価は24時間で30％下落した。200億ドルのブランドを持つ会社が、である。株価が下落したあと、この会社を格下げしたウォール街のアナリストは何人いただろうか。2000年３月７日、６つの会社がこの会社を格下げした（**表1.1**）。

　それから６カ月後に株価はどうなったか。12カ月後には？　５年後には？

　52週安値の会社は格下げされることが多く、ウォール街にも愛されない。ファースト・イーグル・ファンズのマシュー・マックレナンは、熱狂の度合いが高ければ、それだけリスクも高い、と言った。直観に

表1.1　P&Gの株価が下落したあとこの会社を格下げしたウォール街の会社

			格下げ前	格下げ後
2000年3月7日	バンク・オブ・アメリカ・セキュリティーズ	格下げ	強い買い	買い
2000年3月7日	クレジット・スイス・ファースト・ボストン	格下げ	買い	ホールド
2000年3月7日	ドナルドソン、ラフキン&ジェンレット	格下げ	トップピック	マーケット
2000年3月7日	JPモルガン	格下げ	買い	買い推奨
2000年3月7日	メリル・リンチ	格下げ	買い	ニュートラル
2000年3月7日	モルガン・スタンレー・ディーン・ウィッター	格下げ	アウトパフォーム	ニュートラル

出所 = Yahoo! Financeより

反するように思えるが、リチャード・バーンスタイン・アドバイザーズのリチャード・バーンスタインCEO（最高経営責任者）の言葉を思い出そう——「投資リターンは資本が少ないときに最も高くなる」。私が付け加えるとするならば、資本が豊富で高い高揚感があるとき、損失を出す可能性は高く、投資リターンは最も低くなる、といったところだろうか。

　健全な投資原理と恐怖、優柔不断性、気まぐれの入る隙を与えない規律あるロジックに基づくアプローチを組み合わせることで、市場がどう動き、どういった投資をすべきなのかがはっきり分かってくるはずだ。この公式はなぜ時代を超えた戦略なのだろうか。一般投資家とウォール街は投資を近視眼的にしか見ない。会社を見るとき、彼らは30日から90日の期間でしか見ない。そして、短期的展望が芳しくないと、その会社からは大金が逃げていく。52週安値の投資家にチャンスが訪れるのはそのときだ。**表1.2**は、あなたは信じられないかもしれないが、かつてウォール街に嫌われた会社のリストを示したものだ。そんなに前のことではない。こんな会社はほかにも山ほどある。

表1.2　かつてウォール街に「嫌われた」会社

	現在の株価*
スターバックス（2008/11/21、7.83ドル）	77.21ドル
マクドナルド（2003/3/7、12.82ドル）	96.38ドル
ディズニー（2009/3/6、15.83ドル）	76.34ドル
ファイザー（2010/6/25、14.44ドル）	30.74ドル
ジョンソン・アンド・ジョンソン（2011/3/18、58.57ドル）	94.29ドル
ウォールマート（2011/8/12、49.75ドル）	78.45ドル
ベストバイ（2012/12/28、11.29ドル）	38.38ドル
ネットアップ（2012/11/9、27.34ドル）	40.82ドル
ウエスタンユニオン（2012/11/2、11.95ドル）	17.44ドル

＊＝2014/1/7現在のYahoo! Financeの終値

　表1.2のリストにある会社の株価が急落したあと、投資家心理はどうだっただろうか。今の投資家心理はどうだろうか。今だったらあなたはこれらの会社を買うだろうか、それとも売るだろうか。
　一般大衆の意見も、感情的な投資家と同じだった——近づくな！
　買うな！　ハーバード大学のMBAやエール大学の博士は、サイドラインに立って様子を見よ、と言った。私たちはハロー効果やコグニティブ・イーズに惑わされることなく、自分の頭で考えることが重要だ。思考を怠ってはならない。
　彼らの言葉に耳を傾けるか、それとも、合理的思考とロジックを適用して買うことを選ぶ公式を使うか。
　買うということが正しい答えである場合でも、ノイズに従うことのほうがはるかに簡単だ。到着したときは元気だった会社も、風邪をひく可能性はあり、そんなとき、一般大衆はその会社は死んだものとして扱う。店舗の閉鎖、経費削減、市場の明瞭性、リーダーの変更——こういったインディケータ——は感情的な投資家を安全な場所へと退避させる。この公式は末期的疾患——大きな負債、経済状態

の悪い産業に属している、株主利益を損ねたことがあるなど――を隠そうとしている会社を回避するのに役立つ。

　投資やお金の管理は不透明であってはならない。推測ゲームであってもならない。私は働き始めてすぐにこれを学んだ。そのきっかけを与えてくれたのはヤコビの格言だった。ヤコビの格言は投資だけでなく、私の人生のあらゆる局面に対するアプローチの方法を変えてくれた。

　「逆だ、いつでも逆から考えるんだ」

　若干謎に満ちた部分を持つ19世紀の数学者、カール・グスタフ・ヤコブ・ヤコビは、ドイツの大学の教授になったユダヤ人初の数学者だった。1804年、プロイセン王国に生まれた彼の研究は、数学に対する考え方を根本的に変えた。それは「逆だ、いつでも逆から考えるんだ」という言葉に帰着する。

　これはどういう意味なのだろうか。これはあまりにもシンプルで、頭で考えるのがはばかられるくらいだ。問題を解くとき、まず望む結果を理解し、その結果に到達できなくする要素を考える。そして、成功をさまたげる方法を見つけ、それを回避する方法を見つければ、残されたものが成功する戦略の構成要素になる。これがヤコビの格言の意味するものだ。

　私はいつでもヤコビの逆転の発想を使う。結婚するときもそうだった。愛する妻と結婚するとき、結婚を崩壊に導くありとあらゆることを考えた。不貞、不摂生、無関心などなどだ。そして、私はこういうことは一切やらないと心に誓った。健康についてもそうだ。私を不健康にするあらゆることを考え、それをやらないようにした。

　私たちは秘密の解を見つけようとする。私たちを奈落の底に導き、現状にとどまらせることを回避する方法を探さなければならないときに、私たちを頂上に導いてくれるようなことばかりを考える。問題に取り組む方法を逆転させることで、「秘密の解」を探す必要などなく

なる。私たちは落とし穴を避けさえすればよいのだ。

　問題を解決するこの方法は、私の人生、キャリア、人間関係、幸福において計り知れないほど重要なものだ。これは、本書を読むうえでの基本でもある。どの章もヤコビの逆転の発想から始まり、その章で解説する52週の安値フィルターに関連する、成功する投資戦略から私たちを遠ざける要素を考える。この思考法と結びつく文脈を考え、フィルターの開発へとつながるアプローチ、そして戦略全体を明確にしていく。

　どういった物を読むときでも、同じように考えてもらいたい。つまり、思考を逆転させ、アプローチを逆から考えるのである。やるべきことをしっかりやり、あなた自身のアプローチを生みだしてもらいたい。私は52週安値の公式の欠点を常に探しているが、なかなか見つけられないでいる。私の言葉を盲信せよ、額面どおりに受け入れよと言っているわけではない。私のアプローチをバックテストし、私のロジックの欠点を見つけてほしい。あなたが発見したことはどんなことでも歓迎する。欠点を見つけたら、ぜひ http://52weeklow.com/ まで連絡してほしい。

第2章
群れの行動とバンドワゴン効果
Herding and the Bandwagon Effect

> 「平均を上回る結果を出したければ、従来とは異なるアプローチを試みる必要がある。あなたのアプローチが従来のものと同じで、広く使われているものなら、あなたは確実に平均的な結果しか得られない」
> ――ハワード・マークス(『投資で一番大切な20の教え』[日本経済新聞出版社]の著者)

ヤコビの逆転の発想 ―― 私は一般大衆と同じように投資して、平均的な結果を得たい。みんなと同じことをやるのだから、安心感がある。一般大衆と違うように考えても無意味だ。少数派に属するよりも、多数派に属したほうが心理的にはるかに楽だ。勝つときはみんな一緒、負けるときもみんな一緒だから。

　集団でいると安心感を感じるのは原始的な感情で、本能的なものだ。古代の人々は同じ部族と一緒にいると安心感を感じた。捕食者や飢饉や貧困から助かる唯一の望みが、同族と一緒にいることだった。この本能は行動や文化が変わっても、時代を超えて受け継がれてきた。私たちは種として、原始的な狩猟採集の生活から、現実世界と仮想世界を探究する近代的なテクノロジーの使い手へと進化してきた。しかし、今でも群集心理は存続している。例えば、ディナーの時間に空席の目立つレストランがあると、そのレストランには何か問題があると思ってしまう。人々が行列を作っているのを見ると、それは良いに違いないと本能的に感じてしまうのである。

　集団で行動すると確かに楽だ。心理的にも、行動的にも、認知的にも安心感がある。これはシステム1の思考だ。私たちには帰属本能がある。行動科学者はこれを「バンドワゴン効果」と呼ぶ。この言葉を

最初に使ったのは、人気の道化師でエンターテイナーで政治活動家のダン・ライスで、1848年のことだ。バンドワゴンという概念は、私たちの言語、文化、政治のなかで使われる。人々に「バンドワゴンに乗れ」（時流に乗れ）と言うことで、私たちの運動に参加し、私たちの候補者に投票することを促す。とらえ方によっても違ってくるが、バンドワゴンに乗るというのは、賢い集団のなかにいることを意味することもあれば、大統領候補ジェニングス・ブライアンが言ったように、無関心な多数派を軽蔑するネガティブな言葉を意味することもある。

1951年、スワースモア大学の心理学者のソロモン・アッシュは、集団が個人の意思決定に与える影響についての一連の実験を行った。ある実験では、7人の男性学生に1本の線を引いたカードを見せた。次に、彼らに異なる長さの3本の線を引いたカードを見せ、その3本の線のうち、最初のカードの線と同じ長さの線はどれかと聞いた。7人の生徒は参加者として紹介され、同じ部屋に座り、ほかの参加者の答えを聞くことができた。

しかし、本当の参加者は1人だけだった。ほかの6人はその研究チームの成員だった。このテストは3回行われ、最初の2回はチームのメンバーは正しい答えを答えるように指示されていた。そして、最後の1回は間違った答えを答えるように指示されていた。どの回でも、本当の参加者は最後の回答者になるように椅子が配置されていた。

次にアッシュは87人の「本当の」参加者をテストした。50人は上記のように、ほかの6人の「参加者」と一緒に同じ部屋に座らせ、ほかの人の答えを聞いたあと最後に答えさせ、ほかの37人の参加者に対しては、彼の答えに影響を与えるような人のいない部屋で1人だけでテストが行われた。

テスト結果はどうだったのだろうか。

アッシュがのちに発表した結果（ソロモン・アッシュの「Studies of Independence and Conformity : A Minority against a Unanimous

Majority」を参照。『Psychological Monographs』1956年）によると、集団の影響力は絶大なものだった。

　コントロールグループの答えは予想どおりだった。37人の参加者のうち、間違った回答をした人は全体の１％未満だった。１人っきりで意思決定をさせると、人は一般に正しい答えを選択する。参加者のふりをした人に影響を受けた50人の参加者はどうだったのだろうか。

　彼らの答えは最悪だった。

　25％の人は集団の影響にもかかわらず正しい回答をしたが、参加者全体の４分の３に上る75％の人は少なくとも１回間違った回答をした。

　なぜこうなるのだろうか。それは、バンドワゴン効果によって私たちの本能は集団の一部になれ、みんなと同じように振る舞えと促されるからである。

　一般に、群れでの行動は良いことだ。だからと言って、集団に従えと言っているわけではない。それとはまったく逆である。あるいは、変わり者が私たちを動機づけることはできないと言っているわけでもない。しかし、一般に私たちは集団でいると安心感を感じる。これは良いことだ。ただし、投資を除いては。投資では、集団に属すれば、成功する投資家が依って立つ中核となる原理の１つ ── 安く買って、高く売る ── は阻害される。

　群れ ── 投資家集団 ── はホットな銘柄という安心できるものに群がり、株価は本質的価値以上に上昇する。ゲームに最初に参加した人は利益を得るが、最後に参加した人は？　結局、彼らは高く買わされ、株価が真の価値に収斂し始めたときに安く売らされる。

　もし集団が安心感と心のやすらぎを与えてくれるのなら、集団に逆らうことは、人間の基本的な本能を克服することを強いられる。私たちは、「ほかの人はみんなそれをやっている。だったら、それをやらないわけにはいかない」と考えるように生まれついている。しかし、私たちは投資家としては、「ほかの人はみんなそれをやっている。で

もだからと言って、私もそれをやらなければならない理由はない」と考えなければならない。

　株式市場や投資業界は、なかに他人がいる複数に分かれた巨大な部屋だ。結局、投資について私たちが与えられるすべての情報は、トレンド——群れによって定められたトレンド、バンドワゴンに乗った人々によって定められたトレンド——に基づくものだ。アップルの株価が２倍になった？　それは個人によるものではなく、何百万人という人々が株価の上昇に基づくその価値に同意した結果だ。株価が上昇するのは、多くの人が買うからだ。ほかの６人の参加者と１つの部屋に入れられ、線の長さについてその６人の回答を聞いている本当の参加者とどう違うのだろうか。まったく同じである。集団が安心感を与えてくれると考えるのは人間の本質なのである。特に、集団が正しいときはなおさらである。

　しかし、集団は安心感など提供してはくれない。

　天才的投資家として知られるウォーレン・バフェットのことを今さら説明する必要はないだろう。彼はトレンドを観察し、集団を見つけて、彼らと距離を置くことで巨額の富を築いてきた。彼はみんなが鉄道株から離れていったとき、２倍賭けし、みんながテクノロジー株に群がったときはコングロマリット株を買った。彼はただ単に人と逆の行動をしているだけなのだろうか。彼には超極秘の科学的な方法があるのだろうか。彼には超能力があるのだろうか。

　すべてノーだ。ウォーレン・バフェットなどのメガ級の成功者たちは、市場でお金を儲けることは、株価評価もさることながら、人間の本質を研究することであることを理解しているのである。彼は人間を観察し、見落とされたものを見つける天才なのだ。彼はトレンドを観察し、集団を観察し、人間の本質の逆をついて機会を見つける。彼はアプローチを持っていることは確かだ。そして、株価だけではなく、株式の真の価値を判断する評価基準も持っている。しかし、彼は銘柄

を選ぶのに集団心理も使う。

　もちろん、人気が量を測る指標だと言っているわけではない。人気は真の価値を測る指標ではなく、トレンドを反映しているにすぎない。投資、少なくとも52週安値戦略を使った投資は、測定できるもの、つまり暗黙のあるいは推測される価値ではなく、本質的価値を見いだす定量的分析に基づくものである。

　人気に惑わされるとどうなるのだろうか。

　例えば、２つの銘柄があるとする。ある銘柄は何カ月にもわたって猛烈なスピードで成長しているテクノロジー株だ。この会社は電子小売業を営み、ビジョンを持ったCEO（最高経営責任者）がいる。彼は近代の流通の定義を変えようとしている。彼は新しい設備、新しいトラッキング測定システム、世界最古のビジネスを行う新しい方法に狂ったように投資している。そして別の銘柄は、従来型の小売業者で、何十年にもわたって操業を続けてきた。かつては投資コミュニティーに注目されていたが、今ではその威光は消え古い会社になった。今でも昔のやり方で物を売っている。かつては投資家心理も高かったが、今では花はしおれ、最近、株価は安値を更新した。

　最初の会社は人気が出て、いつも話題になっている。CEOは雑誌のカバーを飾る有名人だ。彼は大衆の支持を得るネットワークを構築し、これによって株価は上昇し続けている。

　もう１つの会社は、CEOがだれなのかを知る者はおらず、郊外の小規模ショッピングセンターの店に立ち寄ると、ノスタルジアと悲哀が漂っている。こんな店でショッピングしていたのはいつだっただろうか。

　これら２つの会社がアマゾンとベストバイだと知ったらあなたはどうするだろうか。どう感じるだろうか。あなたはおそらくは多くの人と同じように、アマゾンに引き寄せられるだろう。これは本能であり、世界が進む方向だ。株価を見ると、正当な投資のように思える。2012

年10月31日から2013年10月31日までの1年間で、アマゾンの株価は232.89ドルから364.03ドルに上昇した。わずか1年間で56％の上昇率だ。アマゾン株に群がる人は素晴らしいリターンを期待できるだろう。

　これで世論は正当化されたわけだ。

　おそらくはそうだろう。しかし、同じ時期、ベストバイの株価は15.21ドルから42.80ドルに上昇したと聞いたらどうだろう。181％の上昇率だ。世論はこれをどう考えるのだろうか。ベストバイがどうなったかは詳しくはのちほど話すが、ここで言いたいのは、世論——群れの行動——は真の機会を覆い隠してしまうということである。

　バフェットの戦略や52週安値戦略のようなバリュー投資戦略は、多勢に反抗するために反対者になることではない。それは社会通念に反抗して抵抗することではなく、世論の真の姿——機会を表すのに実質的に数値化できないもの——を見るためのものであり、だれも見つけようとしない投資機会を見つけるためのデータに基づいた規律あるアプローチなのである。

　群れの行動は素晴らしいものだ。それは安全な温かい場所にいるための方法であり、レストランや映画を選ぶための方法であり、余暇にいく場所を選ぶ方法である。しかし、投資に関しては、人と群れて行動してはならない。あなたが賢く投資すれば、やがて大衆が群れをなしてやってくる。そのとき初めて、あなたは安く買って高く売ることができるのだ。

　バンドワゴン効果や群れの行動という落とし穴を避けるには、システム2の思考が必要だ。システム2の思考は、自分が設定した判断基準に基づいて1人で考えて意思決定を行い、決めた決定に従うことを意味する。私たちは株価が上昇している株を見て、大衆の言葉を額面どおりに受け取りがちだ。そういった状況から大金を儲けた人の話を聞くと、自分もそのように行動しようという気持ちにさせられる。しかし、それは間違いだ。市場トレンドに投資の意思決定をさせるわけ

にはいかない。勇気を持って、やる気を出して、独立した意思決定を行わなければならないのである。

　最初のカードの線の長さを知るための判断基準を持ち、大衆が間違っているときは彼らと逆を行く勇気を持つことが大切だ。それは抵抗することではなく、あなたが正しいことをやっていることを確認するためのシステムとプロセスを持つことを意味する。52週安値戦略はそのためのシステムであり、あなたの意思決定が正しいことを確信させてくれるものである。他人が見ないところを見て、システム1のバンドワゴン効果に打ち勝ち、規律あるアプローチに従って良い意思決定をするためのシステムが52週安値戦略なのである。

第3章
フィルター1 ── 競争優位性
Filter 1 : Competitive Advantage

「優れた才能を持つと評判の経営者が、経済状態が悪いと噂される会社を立て直そうとするとき、無傷のままでいられるのはその会社の評判だけである」── ウォーレン・バフェット

ヤコビの逆転の発想 ── 高い確率で投資したお金を失いたい。だから、経済状態が弱く、参入障壁が低く、顧客に対する忠誠心がなく、代わりのものが簡単に見つかるような業界に投資する。顧客がすべてを牛耳り、株価が安く利益を出さないような会社に投資すれば、投資したお金は確実に失うことができる。

　ここから正しい答えが見えてくる ── 経済状態が強く、参入障壁が高く、顧客に対する忠誠心を持ち、代わりがそう簡単には見つからないような業界に投資せよ。
　人間とは違って、業界は平等には作られていない。つまり、会社も平等には作られていないということである。
　52週安値の公式を使ってバリュー投資する際のポイントの1つは、経済学を理解することである。経済学と言っても学校で習うような経済学ではなく、業界の経済学である。企業の収益性、持続性、成長可能性を形成し影響を及ぼす力を理解する必要があるということである。強い経済状態は必須だ。バランスシート、ROIC（投下資本利益率）、長期負債対フリーキャッシュフロー比率といった会社特有のフィルターを見る前に、業界の経済状態が健全かどうかを見る必要がある。
　競争優位性という最初のフィルターは、業界のなかで長続きする競

争優位性を持つ会社と、業界の圧力の影響を受けやすく、回復、前進、繁栄が困難な会社を見分けるためのフィルターだ。

　ウォーレン・バフェットをはじめとする偉大な投資家は、過小評価された会社への投資によって得られる利益は、その会社が属する業界の経済状態に依存すると長い間信じてきた。経済状態が強いということは、その会社が長続きする競争優位性を持っていることを意味し、過小評価された会社はその競争優位性によって、収益性を持続することを阻止するような競争から保護される。

　業界の経済状態は非常に重要だ。したがって、バフェットも私たちも、その会社が属する業界と、その会社がその業界のなかでどういった立場にあるのかを理解せずして会社を見ることはない。経営陣がどんなに優れているかとか、将来にどれくらい投資しているかなどは問題ではない。その業界の状況が悪ければ、すぐに去ることだ。

　長続きする競争優位性――競争の堀とも言う――は、変化する世界に順応し、新興企業を撃退し、価格主導の競争を回避する力を与えてくれる。その結果、供給サイドのプレッシャーをはねのけ、過剰に力を持った顧客に対しては、代わりになるものを安い切り替えコストで提供することで価格の決定権を持ち、市場障壁を高くすることができる。長続きする競争優位性を持つためには長い年月を要する。比較的若い会社はどういった堀を持っているのかは分からない。この若い会社が競争に対してどう反応するかを知ることなく、競争が収益性にどんな影響を与えるのかを理解するのは特に難しい。したがって、52週安値の公式の最初のフィルターをパスする会社はすでに確立された会社――テクノロジー、消費者の需要、世界物流の変化に対応してきた歴史を持つ会社――であるのが普通だ。

　私がウエスタンユニオンは強いと言うと、人々は私のことをクレイジーだと思うようだ。多くの人にとって古いモデルの古い会社にしか見えないものに私が投資しているのを見ると、今じゃお金はインター

ネットで送れるんじゃないの、と彼らは言う。もちろんお金を送る方法はインターネットを含めていろいろある。しかし、ウエスタンユニオンは時代を先取りした会社だ。でなければ、その時代に完全に適応することなどできるはずがない。

　ウエスタンユニオンは長い間国際送金サービスを行ってきたが、何十年という月日を費やして強力なグローバルな経済的な堀を築いてきた。ウエスタンユニオンは国際送金サービスの15％のシェア（今でも増加し続けている。http://www.forbes.com/sites/hilarykramer/2013/05/10/wu-stock-report/ を参照）を占め、世界の何百という国や都市に代理店を有する。私たちにとって、ウエスタンユニオンは旅行者にお金を送金する安全で信頼のおけるサービスを提供する会社という認識があるが、同社はアメリカ経済において見落とされてきたトレンドに目を向け始めた。アメリカへの海外労働者の流入である。海外労働者に関しては政治的な問題はあるものの、仕事を探すために米国にやってくる移民労働者を、ウエスタンユニオンは長期的な成長と利益につながると見たのである。労働者がいくばくかの現金を貯金し祖国の親戚に送るとき、こういったグローバルな会社のサービスを必要とする。ウエスタンユニオンは国際送金サービスのなかでは幅広いインフラを整備している会社として独特な存在であり、ビジネスの性質上保護されている。コンピューターにログインしてクレジットカードや口座振替によって店から物を買うことは簡単かもしれないが、現金を吐き出すスマートフォンやノート型パソコンはない。世界には口座を持たない人がおよそ20億人いる。これはウエスタンユニオンにとってビジネスチャンスである。

　ウエスタンユニオンは現金の流通を扱う会社だ。デジタル革命はウエスタンユニオンを崩壊させるどころか、同社のビジネス能力を高めることに貢献した。デジタル革命によって送金やトラッキングは瞬時にできるようになり、結果も保証されるようになった。

強い競争優位性を持つ会社の特殊な例をさらに詳しく見ていく前に、競争優位性を支える力を定義する原理を見ていくことにしよう。

５つの競争力

2008年、会社が優位性を持つかどうかを決定する経済力を競争力はどう形成するのかについて経済学者、マイケル・ポーターが書いた論文が『ハーバード・ビジネス・レビュー』に掲載された。「The Five Competitive Forces that Shape Strategy」というタイトルのこの論文は、彼が1979年に書いた論文を改訂したものである。論文は次の一文から始まる――「長期的な収益性を維持するためには、競争に戦略的に取り組む必要がある」（マイケル・ポーターの「The Five Competitive Forces that Shape Strategy」を参照。『ハーバード・ビジネス・レビュー』86, no.1［2008年１月号］p.78-93）。

５つの力とは次のものを言う。

1．新規参入の脅威
2．買い手の交渉力
3．代替商品やサービスの脅威
4．供給者の交渉力
5．既存の競合間のライバル意識

投資戦略家たちは競争をあまりにも狭義にとらえすぎるとポーターらは言う。彼らは競争を業界内におけるライバル関係としか考えない。ペプシの競合はコカ・コーラで、アメリカン航空の競合はデルタで、ナイキの競合はリーボックとアンダーアーマーで、マクドナルドの競合はバーガーキングやウェンディーズといった具合だ。もちろんこの解釈も間違いではない。業界内におけるライバル関係は一種の競争だ。

しかし、これは企業の経済状態に影響を与える唯一の競争ではない。ポーターはビジョンを持った経済学者として知られているが、同じ論文で彼はほかの競争力を少なくとも4つ挙げている。これらの競争力は、強いか弱いかは別として、企業の堀を形成する重要な要素、つまり長期的な収益性を維持するためにその企業を守る経済構造を表すものだ。

まず、業界内における確立されたライバル意識と、それが競争優位性に与える影響を理解しよう。競争はいろいろな形で現れる。

- **●値下げ** ライバル企業が同等の商品やサービスの価格を値下げして、相手より優位に立とうとする。
- **●新製品の提供** ライバル企業は、一時的に提供物の差別化を図るイノベーションを通じて、相手より優位に立とうとする。
- **●サービスの向上** ライバル企業は、商品の提供を超えたサービスを提供することで、相手より優位に立とうとする。例えば、既存の顧客や新たな顧客に対して割引、恩恵、サービスを提供するロイヤルティー・プログラムがこれに当たる。
- **●広告** ライバル企業は顧客やターゲットグループの注目度や認知度を自分たちのほうに向けて攻略しようとする。

こういった競争はそれ自体悪いものではないとポーターは言う。結局、競争はイノベーションの培養地になるのである。しかし、競争が激化すると、業界内の経済状況に問題が発生する。

例えば、末端消費者に対して同じような商品やサービスを安く提供し、消費者にとって切り替えコストが安ければ、価格の値下げ競争は続き、その業界全体にとっては利益が減少することになる。航空業界はインターネット予約の導入によって特に過去15年においては激しい価格競争を繰り広げ、業界の経済状況は悪化している。消費者は航空

券を予約するとき、最も安い価格の航空券を探すように訓練されてきた。航空会社などどこでもよいわけである。行きたいところに最も安く連れて行ってくれる航空会社を探すのである。空の上でのサービスは航空会社によってさほど大きく変わるわけではないので、航空会社は顧客を獲得するために航空券の価格を下げざるを得ず、これによって個々の航空会社だけでなく、業界全体の収益性も減少している。製鉄業者も似た者ぞろい現象に悩まされている業界の１つで、ブランドの差別化はほとんど価格に限定されている。ホテルや航空会社やほかの似たような業界は、収益性を維持することを考えながら、価格を下げたり、広告を打ったり、サービスを改善したり、新商品を導入したりといろいろな競争力を持たなければならないのである。

これは月給の一部を使ってしまったあとで、隣人に遅れを取らないようにしながら、家計を切り盛りするのに似ている。これらは、経済学の教科書どおりにはいかない業界なのだ。

競争が経済的な堀を生みだしている例がある。コカ・コーラとペプシは価格だけに頼ることなく収益性を維持してきた。両者はライバル同士で似たような商品を提供しているが、顧客の間では忠誠心が生まれている。またコカ・コーラは業界のリーダーでもある。ほとんど互角で首位の差を狙って熾烈な戦いを強いられる航空会社とは違って、コカ・コーラは市場シェアについては主導権を握っている。消費者はソフトドリンクの価格構造を決める力はないが、彼らには商品に対する好みというものがある。消費者の好みは味によって決められるが、航空業界の場合、好みは完全に価格によって決められる。

消費者が価格を制御する力は、ポーターの５つの力の２番目の力だか、これは軽視されることが多い。消費者は価格を安くさせるように業界と戦っている。これは業界内の企業同士の戦いと同じかそれ以上に激しい。もし消費者が最終目標をそれほど損なうことなく似たような商品やサービスを買うことができれば、業界全体の収益性は価格に

依存することになる。例えば、米国の自動車業界を考えてみよう。消費者はブランドにこだわることなく、複数のメーカーや「価格比較ショップ」で価格を比較する。これは買い手にとっては有利だ。複数のメーカーの似たようなモデルを見たり、複数のディーラーで同じモデルを見たりするのは、「最も安い価格」の車を探すためだ。

航空会社と同じように、最終商品には大差がないため、消費者には多くのオプションがある。したがって、企業は収益性を犠牲にして消費者を「買わなければ」ならない。先の不況で最も大きなダメージを受けたのは、消費者の選択肢によって大きな影響を受ける業界だった。航空業界、船旅会社、自動車メーカーは、インターネットによって価格の比較が容易になることで苦境に立たされた。デジタル革命は大きな可能性の世界への扉を開けてくれるものだが、一方では、かつては堅実に思えた業界は対応できず、多くの選択肢を与えられ、好みから外れることなく最終目標を達成することができる、力をつけた消費者による価格圧力に屈するしかない状況だ。

また、新規参入者による脅威もある。コカ・コーラとペプシは業界トップとしての地位を固め、商品は高い普及率を誇るため、新規参入者の入る込む隙はない。

参入障壁

新規参入者の参入障壁は、特定の会社が長期的な収益可能性を持っていることを示すインディケーターになる。友人や顧客に参入障壁の話をするとき、私は砂利会社の例を使う。私が今日新しい会社を立ち上げるとすると、私は砂利会社は選ばない。なぜなら、この業界は既存の企業を好む業界だからだ。第一に、この業界は強く規制されている。必要な許可や承認を得るには、官僚と渡り合い、いろいろ研究し、影響報告書を提出したりといったことに何年もかかるからだ。しかも、

砂利を採掘する適切な土地を見つけたあとでこういったことをやらなければならない。必要な承認が取れたとしても、砂利を採掘するには、岩を砕くだけでも莫大な資本投資が必要で、手抜かりなく必要な設備を確保し、操業するための熟練した労働力を見つけることができ、商品を作り始めても、数世代にわたって利権を持ち続けている業者によって独占されている比較的小さな市場を切り開くという問題が残されている。これらをすべてクリアしなければ、小さな利益さえ手にすることはできない。大都市圏のショッピングセンターでコーヒーショップを開いたほうが、同じ時間ではるかに少ない資金でできる。

砂利の採掘は長続きする競争優位性を持っている。これはこういった高い参入障壁によるものだ。52週安値の公式の最初のフィルターをパスする会社には、あなたが聞いたこともないような会社が含まれていることがあるのはそのためだ。競争優位性は、人気や大衆文化の気づきのなかで発現するのではなく、新興企業が急速に成長して市場シェアを奪い競争の性質を変える可能性を制限する力として発現する。参入障壁という形で利益が保護される会社は大きな会社だ。なぜなら、供給サイドに対するスケールメリットが大きな障壁となる場合もあるからだ。商品を大量に生産する大きな会社は必要な原材料をほかよりもはるかに安く仕入れることができる。大量に仕入れることで安く買うことができるからだ。これによって新規参入者が市場に参入して競争することは困難になる。彼らは大きな会社とは違って、供給者と取引できないからだ。

パット・ドーシーは『**千年投資の公理──売られ過ぎの優良企業を買う**』(パンローリング)のなかで堀を見つけるいろいろな例や洞察について書いている。そのなかに、人々が近くにあってほしくないと思うような会社の例が挙げられている。

　　私が好んで例に挙げるのは、ミンビー(MINBY = "not in my

backyard"）と呼ばれているゴミ運搬業者や砂利会社だ。近所にゴミ処理場や石切場があるのを好む人がいるだろうか。多分だれも好まないだろう。つまり、既存のゴミ処理場や石切場は非常に貴重ということになる。したがって、新規参入者が許認可を受けるのはほとんど不可能だ。

ゴミや砂利に素敵な響きはないかもしれないが、市町村の許認可を受けている会社の持つ堀は持続性がある。ゴミ運搬業者や砂利会社のような会社は、何百という市町村レベルの許認可に依存し、これらが一晩で一斉に消えることはない。こうした市町村レベルの許認可を受けたゴミ処理場や石切場がウェイスト・マネジメントやバルカン・マテリアルズのような会社にとって貴重なのは、ゴミや砂利は基本的にローカルなビジネスだからだ。ゴミを収集地から何百マイルも離れたところに捨てたり、砂利を石切場から40マイルも50マイルも離れたところから運ぶのは桁外れに高くつく（ゴミは重いし、砂利はもっと重い）。だから、ゴミ処理場や石切場に対する市町村レベルの許認可はこういった業界で小さな堀を生むのである（パット・ドーシーの**『千年投資の公理――売られ過ぎの優良企業を買う』**［パンローリング］を参照）。

　消費者の需要面においては、高い参入障壁を享受している既存業者は幅広い用途からも恩恵を受けている。

ネットワーク効果

　ドーシーの本で議論されているネットワーク効果はビザのような会社と関係がある。ほとんどの人はビザのクレジットカードを持っているので、業者はビザカードを受け入れざるを得ず、そのためにネットワークが拡大していく。こういった効果をネットワーク効果と言う。

もう１つの例はリッチーブラザーズで、これは投資家にとってはあまり馴染みがないかもしれない。世界最大手の産業機械オークション会社であるリッチーブラザーズは、ネットワーク効果によって過去10年にわたり安定した営業利益率を維持してきた。この会社は買い手からも売り手からも大きな信頼を得ている。
　2013年９月、モーニングスターはリッチーブラザーズの堀について次のように述べている。

> リッチーブラザーズは、世界中のオークションサイトの広大なネットワークを作り上げることで大きな堀を獲得したと私たちは考えている。この広大なネットワークによって、リッチーブラザーズは競合他社に比べると、買い手と売り手のより大きな流動性プールを獲得することができ、そのため最良の需給均衡化価格を提示することができる。買い手と売り手の数が増えれば、さらに多くの参加者がオークションに参加し、参加者が増えれば買い手と売り手が増えるというサイクルは続く。競合がリッチーブラザーズの要塞に攻め入る隙はほとんどない。リッチーブラザーズはすでに世界最大の産業機械のオークション会社で、２位を10倍ほど引き離している。オークションサイトでもオンラインでも中古機械の販売実績は、オリジナル機器の製造業者を含め他社を大きく上回る。この強力なオークションサイトネットワークにより、同社の平均ROICは過去10年にわたって16％を維持してきた。これは私たちの予想COC（資本コスト）を大幅に上回る。競合が同じようなネットワークを作るには莫大な時間がかかるだろう。したがって、リッチーブラザーズは大きな経済的な堀を享受し続けるだろう（モーニングスターの「Ritchie Bros. Auctioneers, Inc.」を参照。http://analysisreport.morningstar.com/stock/archive?t=RBA&region=USA&&culture=en-US&docId=610490）。

企業が支払いツールや産業機械オークションといった特殊な商品やサービスを提供している場合、会社はそれを提供することによって保護される。なぜなら、その会社は需要が高いものを専門に扱っているため、この商品と言ったらこの会社といった具合にその特別な商品と関連づけられ、新規参入者が顧客を獲得するよりも顧客を簡単に増やすことができるからだ。新規参入者が顧客ベースを築くには、商品を低価格で売らなければならない。すでに確立された会社は供給サイドのスケールメリットによって利益率が減少したとしても、依然として利益を上げられることを考えると、新規参入者は価格競争を繰り広げても効果はないということになる。

切り替えコスト

　銀行がウェブの請求書支払いサービスや口座振り込みサービスを無料で提供できるのはなぜなのかと考えたことはないだろうか。こういったサービスを無料提供するのは銀行にとって隠れた利益を生みだす仕掛けなのである。なぜならいったんあなたの当座預金口座から請求書が支払われるように設定すれば、あなたがほかの口座に切り替える可能性はなくなるからだ。もっと良い質問をしよう。ウェブの請求書支払いサービスを持つ銀行をあなたはどのくらい使っているだろうか。長い間使っているのではないだろうか。切り替えるには多くの面倒を伴うはずだ。

　ほかにも切り替えコスト（消費者や顧客が現在の提供者から別の提供者に乗り換えるときのコスト）の非常に高いビジネスがある。例えば、給与支払いアウトソーシング会社の場合、高い切り替えコストによって大きな利益を得ている。ADPとペイチェックスの競争環境についてモーニングスターは以下のように分析している。

ADPの規模、高い顧客切り替えコスト、ブランドイメージは、同社に強力な競争優位性をもたらしている。ADPは法人顧客に対して、従業員への給与支払いや税務署に対する支払いから賃金差し押さえまで、あらゆる種類の支払い処理の援助を行っている。同社の給与支払いアウトソーシング市場におけるシェアはおよそ30％（収入ベース）で、60万以上の顧客を抱えている。ADPはそのサイズと最低資本要件とによって大きなスケールメリットを享受している。長期契約と人事のアウトソーシングを他社に切り替えることの難しさによって、ADPは顧客を維持し続けることができるのである。平均的な顧客保持力は10年以上と推定され、この保持力によって毎年抵抗もなく価格を上げることができる。ADPの最大の競合、ペイチェックスの市場シェアはおよそ11％で、市場はこれら2社による寡占状態で、そのため両社とも高い利益率を享受している。彼らは似たようなサービスを提供しているが、両社ともに高い利益率を維持できるのは、ADPは大手企業を対象にサービスを提供しているといった具合に市場を住み分けているからだ。こうして両社は利益を損なうような競争を避け、大きな成果を上げているのである（モーニングスターの「Automatic Data Processing」を参照。http://analysisreport.morningstar.com/stock/research?t=ADP&region=usa&culture=en-US&ownerCountry=USA）。

新興企業も何とか自立し、商品を製造しているが、ここにも切り替えコストの問題がある。もし私が製造業者なら、新しいベンダーに切り替えるのに設備を一新する必要があるし、従業員を訓練する必要や、プロセスを変える必要もあるだろう。これは供給者を変えるときにかかる隠れたコストだ。切り替えコストの高い業界に属している会社は、

高い切り替えコストによって新規参入者から保護されている。長続きする競争優位性は、こうした持続するためのコストの上に成り立っているのである。ホテル、航空会社、洋服店、コーヒーショップといった、消費者がブランドや提供者を変えてもコストがあまりかからない業界は、新規参入者の脅威に悩まされ続けることになる。

強力なサプライヤー

サプライヤーに対するスケールメリットがすでに確立された企業を新規参入者から守るのに効果があることは分かったが、強力なサプライヤーも同じように収益性に影響を及ぼす。サプライヤーは原料を提供する会社に限ったわけではなく、労働力——特に組織化されたあるいは規制された労働力——も企業の収益性を決定づける重要な役割を果たす。この完璧な例が鉄鋼業界だ。米国の鉄鋼業界は高い質と地理的隔離という保護によって長い間繁栄してきた。米国の鉄鋼メーカーはほかでは手に入らない素晴らしい質の鉄を製造してきたが、業界が成長するにつれ、労働者からの要求が高まってきた。労働組合の力は強くなり、彼らはそうでなければ搾取されたり虐待されたりしかねない労働者を守っている。しかし、組織化された労働力によって米国の鉄鋼メーカーのサプライヤーコストは高くなってしまった。このため、固定労働コストがはるかに安い外国メーカーの質が向上し、輸送の改善によってエンドユーザーが国内で買うよりも安いコストで外国メーカーから買うことができるようになったことで、国内メーカーには暗雲が漂い始めた。政治についてあなたが何と言おうと、経済的な観点からは、いつ崩壊してもおかしくない状況だった。

健全な経済状態と長期収益性を確保するためには、強力なサプライヤーの影響を受けない業界に属する会社を探さなければならない。しかし、ポーターの５つの力のうち３番目の力は、潜在的利益を確保す

るうえで不可欠だ。これは簡単な質問から始まる ── 今の物と同じくらいうまく機能し、持続可能な利益に対する脅威を与える、すぐに入手できる代替はあるか？

代替の提供

　ポーターは彼の論文のなかで、すぐにそれと分かるものもあれば分からないものもあるが、すぐに入手できる代替例をいくつか挙げている。

　「代替とは、ある商品と同じあるいは類似の機能を別の手段で果たすものをいう」と彼は述べている。「例えば、ビデオ会議は旅行の代替になり、プラスティックはアルミニウムの代替になり、eメールは速達便の代替になる」（ポーター、2008年）。

　代替は目に見えない、あるいは考えてもみなかったライバルになることが多く、デジタル通信が私たちの生活を変え、オンデマンドによる製造が物の作り方を変え、アウトソーシングがビジネスのやり方になる時代においては大きな脅威をもたらすものだ。私たちが住んでいるところさえ、目に見えない代替の脅威を作りだすこともある。

　スマートフォンなどの多目的機器が普及したからといって、カメラメーカーはそれを彼らの市場シェアを脅かす脅威だとは考えなかった。

　代替の脅威を見つけるには、バランスシート、業界報告、戦略といった従来的なデータを超えた批判的思考が必要だ。実践的に考える必要がある。カメラを持っていなくても電話機で写真を撮れるのなら、写真を撮る方法の変化から発生する代替とは何だろう。脅威を見つけるだけでなく、こういった分析を行うことも機会を見つけるチャンスにつながる。

　2000年代初期、ファイル共有革命によって音楽販売の牙城が崩されたあと、レコード会社が残された利益をめぐって戦っていたとき、私

たちが音楽を買い、消費し、補完する方法に革命を起こしたのは、一見音楽とは無関係な会社だった。アップルのiTunesは、私たちの好きな音楽をコピーする方法を提供しただけでなく、音楽を消費するエンド・ツー・エンドのソリューションを提供した。私たちの音楽との関係は100年間の間、レコード、テープ、8トラックの録音テープ、CDを取得し、保存し、プレーすることだと定義づけられてきたが、1000曲もの楽曲をポケットに入れられるようになって、その定義は変わった。アルバムのなかの1曲だけ欲しいときに、アルバムを買う必要はなく、その曲だけを買うことができるようにもなった。

次世代にとっては音楽を買う直観的で唯一の方法と思われるものが、私たちの生活における代替になる。航空券を旅行代理店に行って買うのと同じくらい簡単に旅行サイトから買うことができるようになったとき、その前兆は現れていた。旅行サイトで買うことのほうが簡単になったとき、代替は完了し、半世紀もの間、慣れ親しんだ旅行代理店は過去のものとなった。ショッピングモールが現れ始めたのは1960年代だった。1980年台にはメガストアが現れた。ジェフ・ベゾスは部屋を離れることなく欲しいものを何でも買える代替に機会を見いだした。アマゾンによる1日発送や、常連客には配送料を無料にするプライム口座は、客のいるところが即座にショッピングセンターに変わることを意味する。

代替のパワーを理解し、それが特定の会社や業界に与える脅威を批判的に考えることは、長期的な利益の見通しを理解するうえで重要だ。

何を見ればよいのか

本で特定の投資を推奨するのは危険だ。例えば、私が論文を書いた2013年の秋からあなたがそれを読むまでには何カ月も、あるいは何年もたっているかもしれないからだ。しかし、重要なポイントを理解し

てもらうのに例を使うのは最も良い方法ではないかと思っている。
　ポーターや、ブルース・グリーンウォルド、ジャッド・カーンなどの投資戦略家は、経済的な堀や長続きする競争優位性を創造・摩滅するときに作用する力をうまい方法で説明している。
　競争にはいろいろな形がある。

●すでに確立されたプレーヤー間でのライバル関係
●強力なサプライヤー
●力を持った消費者
●新規参入者
●簡単に入手できる代替

　こうした力の現実の世界での例にはどういったものがあるのだろうか。アドバイザーと話をしているとき、こうした要素をどうやって見つければよいのだろうか。答えは簡単だ――自分でしっかり考えることだ。

ウエスタンユニオン（WU）

　本章はウエスタンユニオンの話から始まった。多くのアメリカ人、特に中産階級から上流階級のアメリカ人は、このテクノロジー時代の21世紀において、どういったものを古いビジネスモデルやサービスと見ているのだろうか。
　モーニングスターのアナリストであるブレット・ホーンは、ウエスタンユニオンの徐々に増大しながら長続きする優位性の源泉としてネットワーク効果を挙げている。ウエスタンユニオンでは世界中で50万を超える代理店がお金の送金や受け取りを効率的に行える巨大なネットワークを構築している。代理店が増えるたびにネットワークは拡大

し、ネットワークが拡大すれば、代理店はさらに増える。こうしてネットワークは自己達成的なものになる。「みんながそれをやっている。お金の送金ビジネスに参入したいと思ったら、私もそれをやらなければならない」という気持ちにさせるのがネットワーク効果だ。

しかし、これはインターネットでできるんじゃないの？　あるいは携帯電話でできるんじゃないの？　アプリを開いて、お金を送金すればいいんじゃないの？　そう、思うかもしれない。答えはイエスでもあり、ノーでもある。インターネットにはお金を送金する別の方法がある。ペイパルは今成長を続けているサービスだが、完全にウェブをベースにしたソリューションには特有の問題がある。ウェブにアクセスするためのインフラが必要なのである。

「業界が代替手法への大規模な切り替えをするには、電子支払インフラの世界規模の劇的な改善が必要になると私は思っている」とホーンは述べている。「これにはかなりの時間がかかると思われる」（モーニングスターの「Western Union」を参照。http://analysisreport.morningstar.com/stock/archive?t=WU&region=USA&&culture=en-US&docId=601632）。

換言すれば、ウエスタンユニオンの堀は不均衡で世界的に不統一なテクノロジーの発展によって強化されるということである。あなたは、街はワイヤレスが整備され、みんながポケットにスマートフォンを持っている国に住んでいるかもしれないが、発展途上の国に送金したい場合、その国にはお金を受け取る技術的インフラが備わっていないのである。お金を受け取る側の国において新しい手法、テクノロジー、プラットフォームの導入が遅れているということは、ウエスタンユニオンが既存の手法で成長し続けることができることを意味する。しかし、将来的にはそういった国でも新しい手法に適応できるインフラが開発されるかもしれない。

ビザ（V）

　ネットワーク効果に関連する似たような堀を享受していて、似たような業界に属する会社がビザである。私たちの財布をのぞくと、ビザのロゴが見つかるはずだ。これはクレジットカードである。ビザは銀行ではなく、決済サービスを提供する会社だ。

　モーニングスターのアナリストであるジム・シネガルは、ビザの競争優位性に貢献する２つの要素を挙げている。ビザはこの２つの要素によって今後何十年にもわたって保護され続けるという。その２つの要素とは、受容と信頼だ。

　決済業界でタンゴを踊るにはこの２つの要素が重要になる。ウエスタンユニオン同様、ビザもその要件を兼ね備えている。先進国においては支払い方法として現金はますます使われなくなっている。ビザのような会社はこういった環境下で成長する。成長する業界は新規参入者を引きつけるが、ビザは昔から存在する会社なので大きな優位性を持つ。ビザは確かな支払い方法として商人の間で広く受け入れられている。これは消費者にとっても魅力的だ。ある手法を使うとき、その手法が受け入れられているかどうかが重要になる。消費者にとっての魅力が増せば、それを使う商人は増える。この共生関係がビザの長期的な成長にとっての鍵となり、ビザはこの共生関係で何十年にもわたって成長してきた。

　成長にとってもう１つの重要な要素が信頼だ。信頼は普及によってもたらされるもので、新規参入者に対する参入障壁としての役割を果たす。人々はビザを信用し、商人もビザを信用している。シネガルによれば、ビザは信頼という無形資産に莫大なお金を投資してきた。宣伝活動、安全性の向上、効率性の向上を推進してきたことによって、商人と消費者にとって使い勝手や信頼性が向上し、それが使用度を高め、ますます受容されるようになり、競争優位性を生みだし、長期的

な収益性へとつながっているのである。

キャンベルズ（CPB）

　ビザとウエスタンユニオンは簡単な代替方法の欠如によって競争優位性を保っている。そこで次は、サプライヤーと消費者の力によって堀を築いてきた会社を見てみることにしよう。
　キャンベルズは米国の「ウエット」スープ市場で莫大なシェアを誇る会社だ。モーニングスターのアナリストでCFA（証券アナリスト）のエリン・ラッシュは、同社の市場シェアは60％に上ると言う。すごいという以外にない。スープに関しては消費者にはいろいろな選択肢があるが、キャンベルズの商品は広く普及し、世界的な流通網を確立しているため、成功を維持しているのである。新規参入者がこの牙城を崩し、キャンベルズの影響力を弱めるのは容易ではない。キャンベルズは店の陳列棚を独占しているだけでなく、サプライヤーについて言えば、同社には「他の追随を許さないスケールメリット」があるとラッシュは言う。
　野菜、タンパク質から缶、ラベルに至るまで、キャンベルズはサプライヤーの価格の主導権を握る立場にある。棚にはほかのスープもあるかもしれないが、あまりよく知らないブランドの値段の高いスープでは、消費者は容易には切り替えようとはしない。馴染みのあるブランド、好みのスープ、納得できる価格。一言で言えば、これがキャンベルズの競争優位性を維持する源泉なのである。

ファスターナル（FAST）

　ファスターナルは産業用および商用ファスナーの製造、流通、販売の大手で、効率経営、普及性、商品の多様性、定着性によって堀を創

造してきた例として打ってつけの会社だ。

　モーニングスターのアナリストでCPA（公認会計士）、CFAでもあるバシリ・アルコスはファスターナルの２つの問題点を指摘する。これはファスターナルにとって理論上は問題かもしれないが、これら２つの問題点は、ファスターナルがこうした脅威から同社をどう守っているかを知るうえで重要だ。最初の問題点は、産業用および商用ファスナーは値段が安く、消費者にとっての切り替えコストもあまり高くないことである。消費者は気軽にほかの商品に切り替えることができる。これは次の問題点につながる。切り替えコストの安い（あるいはまったくない）成長産業は新規参入者を引きつけやすいということである。

　値段が安く、簡単に切り替えられる商品を作っている成長産業で、ファスターナルはどのように競争優位性を維持しているのだろうか。同社は競合にパンチを食らわすことで競争優位性を維持しているのだ。

　ファスターナルには52万2000品以上を掲載した商品カタログがあり、莫大なスケールメリットによって新規参入者に対して優位性を維持している。さらに、2700店舗と14の流通センターを擁し、毎日の集荷は10万回で、80％の商品は午前８時前には店舗や流通センターに到着する。倉庫にファスナーを置いておくのは好ましくない。スペースのムダになるからだ。ファスターナルはこの素早い配送によって在庫コストや労力を削減しているのだ。またこの流通システムは安くつく。第三者の流通システムを使っているほかの会社に比べると10倍安くつくとファスターナルは言う。

　ファスナーは値段が安く、その用途の性格上、サプライマネジャーにとってはあまり深く考えずに購入できる商品だ。意思決定を容易にし、流通でコストを削減し、ほかの会社よりもより多様な商品を提供する。そして顧客は大きな在庫を持たずに済む。ファスターナルはこうした手法によって堀を築いてきた。ファスターナルは１カ所で何で

もそろうショップを展開している。それが収益性につながっているのである。

　1997年からファスターナルは51％の売上総利益を維持してきた。これは、たとえ競合が市場に参入しても、ファスターナルは（効率性とスケールメリットにより）価格戦争に勝ち抜くことができることを意味する。しかし、この様子からいくと、価格戦争など必要ではないかもしれない。価格を下げながら取引量を増やし続けることができるのかという問題は残るものの、彼らは競合とは違って革新することができる立場にある。

　代替商品が簡単に手に入り、切り替えコストが安いため消費者にとっては有利だが、ほかの競争優位性を強化することで、こうした脅威を補うことができることをファスターナルは示している。

ウォーターズ（WAT）

　本章で議論してきたほかの会社はほとんどの人にとって馴染みがあると思うが、よく知られていることが必ずしも競争優位性の要素になるとは限らないことを理解するうえで、あまりよく知らない会社やまったく知らない会社について見ていくことも重要だ。

　医薬品業界で働いていなければ、ウォーターズという会社のことは聞いたことはないと思う。ウォーターズは医薬品と政府アプリケーションのための質量分析と液体クロマトグラフィー機器を製造・設計する会社だ。切り替えコストが高く、すぐに入手できる代替がなく、「比類のない」テクノロジーエンジンを持ち、消費者の切り替えを制限する買い替えサイクルの長さによってウォーターズは「幅広い堀」を享受しているとモーニングスターのCFAであるアレックス・モロゾフは指摘する。

　研究者がウォーターズの質量分析機器や液体クロマトグラフィー機

器を使って新しい医薬品の開発をいったん始めれば、開発プロセスの間中その機器を使い続ける可能性は高い、とモロゾフは言う。そして、開発には何年もかかる。この分野の切り替えコストは非常に高いため、それがウォーターズが優位性を維持するのに役立っているのである。

「機器は医薬品製造プロセスに深く根付いている」とモロゾフは言う（モーニングスターの「Waters Corporation」を参照。http://analysisreport.morningstar.com/stock/archive?t=WAT&region=USA&&culture=en-US&docId=591357）。

また顧客の買い替えサイクルは5年以上と非常に長い。テクノロジーの進歩は速いが、ウォーターズは最新のテクノロジーでその地位を保持し、長い買い替えサイクルによってその優位性は守られている。

まとめ

52週安値の5つのフィルターの第一のフィルターをパスすると思われる会社の例をいくつか見てきた。

高い潜在的利益を持つ会社を見つけるアプローチは投資戦略によって異なるが、52週安値の公式はまず経済状態、特に競争力を見ることから始める。良い会社でも悪い時期はある。悪い時期が悪い経済状態の要因ではなく、過小評価や機会を生みだす短期的な逆風であれば、判断力を持つ投資家にとってそれはチャンスになる。

経済状態の強い企業や業界を見つけたら、次は第二のフィルターに進もう。

ケーススタディー2 ── 1980年～2012年の1ドルの軌跡

　この数年でドルの価値は大きく変わった。しかし投資家にとって、投資した1ドルの価値は、投資戦略が長期的に利益を増大してくれるかどうかを見るインディケーターになる。過去のパフォーマンスが良かったからと言って将来的な結果を保証してくれるものではないが、過去を調べることは意外な強さを発見するのに役立つ。このケーススタディーでは、52週安値の公式が不況からすぐに回復すると同時に、市場バブルへの参加を控えさせてくれるのにどう役立つかを見ていく。

　その前に過去30年を振り返ってみよう。投資リサーチ会社のエンピリトラージは、1980年から2012年までの52週安値戦略のS&P500に対するパフォーマンスについてバックテストを行った。このあと特定の期間について見ていくが、まずはデータを見てみよう。

　エンピリトラージのバックテストでは、52週安値戦略とS&P500に投資した1ドルを追跡した（**図3.1**）。1980年はどちらの戦略も同等のパフォーマンスを上げたが、次の32年を見ると、52週安値戦略は長期的に見ても、市場の暴落時においても素晴らしいパフォーマンスを上げたことが分かる。

　2012年には、S&P500に投資された1ドルは34.87ドルになったが、52週安値戦略に投資された1ドルは79.69ドルになった。52週安値戦略はS&P500の2倍以上になったことになる。

　これはなぜなのだろうか。

　52週安値戦略は、32年にわたるテストのどの時点においても、投資された1ドルは1ドルを下回ることはなかった。最初の15年は、52週安値戦略とS&P500とではほぼ同じ軌跡をたどったが、1995年にはS&P500が52週安値戦略をアウトパフォームし始めた。1995年から1999年まではS&P500は急上昇したが、52週安値戦略は前の10年とほ

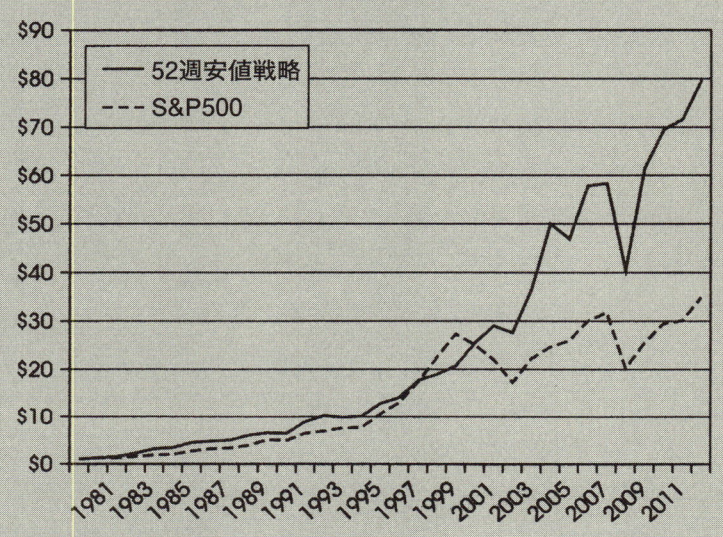

図3.1 52週安値の公式とS&P500に投資した1ドルの軌跡

ほぼ同じペースを維持した。

　この時期はハイテクバブルにあたる（**図3.2**）。シリコンバレーでアイデアを持った20歳の若者が新興企業を立ち上げて1000万ドルもの大金を稼いだハイテクブームである。この数年は大空は無限の広がりを持つように思えた。1995年には、S&P500に投資した1ドルは10.58ドルになり、次の5年でおよそ3倍の27.32ドルになった。ハイテク株に投資すればだれもが稼げた。

　しかし、52週安値戦略はドットコム企業、つまりフリーキャッシュフローがゼロかマイナスの企業には1社も投資していなかった。したがって、この時期は52週安値戦略やウォーレン・バフェットなどのバリュー投資のパフォーマンスは市場を下回った。

　52週安値戦略のコアとなる教義の1つは、過小評価されている価値のある企業を見つけることである。この戦略を構成する5つのフィルターのなかの最初のフィルターは、強い経済基盤を持つ業界で、長続

図3.2　ハイテクバブル

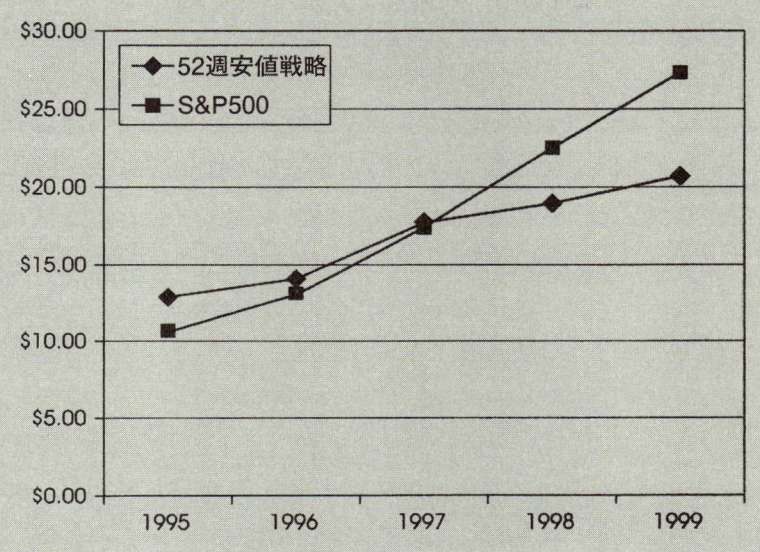

きする競争優位性を持つ企業を見つけるためのフィルターだ。ハイテクバブルの時期にはペッツ・ドットコムなどの象徴的な企業が生まれたが、ハイテク業界の企業の多くは、強い経済基盤を持っていなかった。競争優位性は徐々に消えていった。この業界の会社がこの時期に持っていた堀は、隣のガレージの隣のプログラマーによって脅かされたのである。

　この薄っぺらいビジネスモデルと長続きする競争優位性の欠如が、52週安値戦略が成長するドットコムバブルにかかわらなかった唯一の理由とするならば、見通しが甘かったように思えたかもしれない。

　しかし、次に何が起こったかは周知のとおりである。次に何が起こるかは予測できたはずだ。伝説の投資家であるジョン・テンプルトン卿はかつて次のように言った――投資において最も危険な言葉は、「今回だけは違う」である。これには理由がある。ドットコムバブルはこれまでに経験したことがないもので、エキサイティングに思えた。

私たちの世界は変化し、より狭く、よりつながりが深くなっていった。私たちは新しいテクノロジーに、インターネットの目新しさに魅せられた。世界は変化し、人間も変化する。大空は無限に広がっていくように思えた。

2000年8月、フォーチュンには「10 Stocks to Last the Decade」（デビッド・ライネッキの「10 Stocks to Last the Decade」を参照。『フォーチュン』2000年8月14日。http://money.cnn.com/magazines/fortune/fortune_archive/2000/08/14/285599/index.htm）と題する記事が載った。

それから10年後、「10 Stocks to Last the Decade」に続く記事として、CBSは「How Not to Create a Fortune」（ラリー・スウェドローの「How Not to Create a Fortune」を参照。2010年7月7日のCBSマネーウォッチ。http://www.cbsnews.com/news/how-not-to-create-a-fortune/）と題する記事を発表した。

次に示すのは、2000年1月から2009年12月までのフォーチュンの推奨銘柄のトータルリターンと、ベンチマークのトータルリターンである。

ジェネンテック（DNA）　　　　　　182.4%（注＝2009年、現金で買収された）
オラクル（ORCL）　　　　　　　　 −11.8%
チャールズ・シュワブ（SCHW）　　 −16.8%
ユニビジョン　　　　　　　　　　　 −30.7%（注＝2006年に非公開企業に売却された）
モルガン・スタンレー（MS）　　　　−39.6%
バイアコム（クラスB）（VIA-B）　　 −61.2%（注＝2006年、バイコムとCBSに分割。リターンはその時点から）
ブロードコム（BRCM）　　　　　　 −65.3%

ノキア（NOK）	－67.1%
エンロン	－100%
ノーテル	－100%

「10年続く銘柄（stocks for the decade）」の１つを除いて、すべての会社は損失を出しただけでなく、ベンチマークを下回った。

ラッセル2000バリューインデックス	121.3%
ラッセル2000インデックス	－41.2%
CRSP十分位数１－10インデックス	－3.2%
S&P500インデックス	－9.1%

適切なベンチマークをアウトパフォームした銘柄はジェネンテック１社のみで、２社は倒産し、推奨銘柄の平均パフォーマンスは－31%だった。

ここから得られる教訓は、「重要なのはバリュエーション（価値評価）」ということである。

そして、2000年にも、私たちはこの教訓をしっかりと受け止めるべきだった。

この陶酔感とバブルの崩壊は、歴史的に見て独特なものだったのだろうか。それとも、こういった非合理的な行動は何世紀にもわたって繰り返されてきたものだったのだろうか。1603年代半ば、狂気がオランダを襲い、経済史を塗り替えた事件が発生した。母の日にお母さんにあげる美しい花であるチューリップがバブルを引き起こしたのである。エコノミスト（「Was Tulipmania Irrational?」を参照。2013年10月４日のエコノミスト［Free Exchangeブログ］。http://www.economist.com/blogs/freeexchange/2013/10/economic-history）によれば、チューリップ価格はわずか３カ月で2000%も上昇したという。

チューリップバブルによってチューリップの価格は暴騰した。1637年の初め、あるチューリップの取引量は3カ月前の20倍に膨れ上がった。特に珍しいチューリップのセンペル・アウグストゥスは、1620年代にはおよそ1000ギルダーだったのが、暴落直前には1つの球根で5500ギルダーの値が付いた。これはアムステルダムの豪華な家の値段に相当する。1637年、価格は崩壊し、多くの投資家が破産した。

ここでは一体何が起こったのだろうか。チューリップの価値が上がったのだろうか。有用性が上がったのだろうか。チューリップが急に病気を治す花になったのだろうか、それとも超人的な力や洞察力を与えてくれるようになったのだろうか。

答えはノーだ。

経済史家たちはチューリップバブルについていろいろな要因を挙げる。19世紀のスコットランド人作家で『**狂気とバブル**』（パンローリング）の著者であるチャールズ・マッケイのように、原因は非合理性にあると言う者もいれば、ピーター・ガーバーのように、寿命の不確実性が原因だと言う者もいる。ピーター・ガーバーは、アムステルダムで大流行した腺ペストは人々をリスク回避から遠ざけたと考えている。オランダの都市生活者たちは毎日が最後の日になるかもしれないと思っていたため、投機など何とも思わなかった。ギャンブルは違法行為だったので、契約には法的強制力はなかった。トレーダーは市場を見誤れば、支払いをせずに逃げればよかった。

チューリップバブルの原因は、「経済的規制の変化に対する合理的な反応」だったと言う人もいれば、投機を原因と考える者もいる。チューリップバブルの原因は、狂乱を避けようとした真面目なチューリップ投資家によるものではなく、一般大衆が利益を追いかけたことによるものとされた。

希望に満ちあふれたオランダ人がチューリップバブルで大金持ちになるために大金を投資したように、アマチュアもデイトレーダーも、

表3.1　52週安値戦略とS&P500のパフォーマンス（1995〜2004年）

年	パフォーマンス	52週安値戦略	1ドルの価値	S&P500	1ドルの価値
			$1.00		$1.00
1995	アンダーパフォーム	27.40%	$1.27	37.64%	$1.38
1996	アンダーパフォーム	9.53%	$1.40	23.23%	$1.70
1997	アンダーパフォーム	25.74%	$1.75	33.60%	$2.27
1998	アンダーパフォーム	7.01%	$1.88	29.32%	$2.93
1999	アンダーパフォーム	9.20%	$2.05	21.35%	$3.56
2000	アウトパフォーム	23.02%	$2.52	−8.34%	$3.26
2001	アウトパフォーム	13.97%	$2.87	−11.88%	$2.87
2002	アウトパフォーム	−5.06%	$2.73	−21.78%	$2.25
2003	アウトパフォーム	32.26%	$3.61	28.72%	$2.89
2004	アウトパフォーム	20.71%	$4.36	10.98%	$3.21

この間のボラティリティとリターン

	52週安値戦略	S&P500
標準偏差	11.43%	21.06%
幾何平均	15.86%	12.37%
相関係数：0.50145		

　価値が持続している間に素早く儲けることを狙った者たちも、ドットコムを追いかけた。企業の利益や評価に対する投資家たちの関心は薄れ、人々が熱狂する企業に関心が注がれた。

　1637年半ば、チューリップの価格は暴落し、多くの者は価値ではなく流行に投資したツケを負わされ、破産した。前例のないほどのスピードで成長へと駆り立てられた経済は、崩壊するときは激しく崩壊する。

　米国のユーモア作家のマーク・トゥエインは、「歴史は繰り返さないが、韻を踏むことがある」と言った。ドットコムバブルの崩壊は、まさにチューリップバブルの崩壊の韻を踏んだわけである。

　さて、52週安値戦略とS&P500の話に戻ろう。5年間にわたって平

図3.3　ドットコムバブル崩壊後の52週安値戦略とS&P500のパフォーマンス

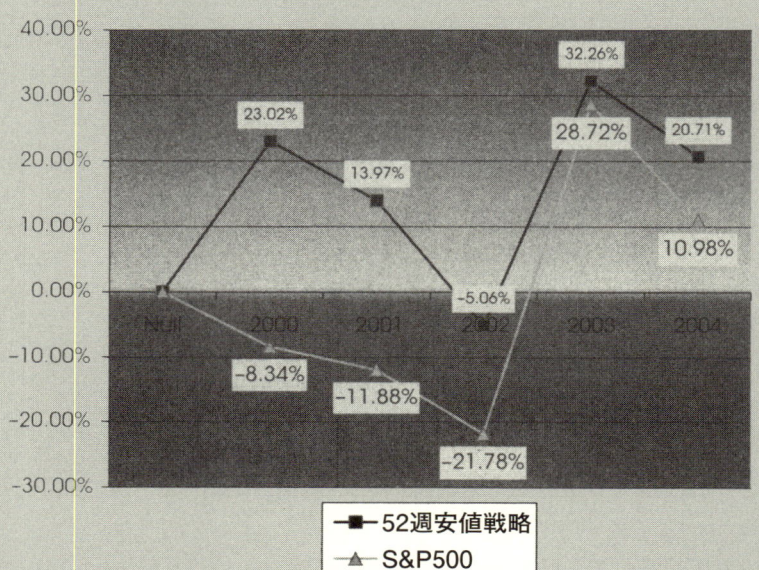

グラフデータ:
- 52週安値戦略: Null 0.00%, 2000年 23.02%, 2001年 13.97%, 2002年 -5.06%, 2003年 28.72%, 2004年 20.71%
- S&P500: Null 0.00%, 2000年 -8.34%, 2001年 -11.88%, 2002年 -21.78%, 2003年 32.26%, 2004年 10.98%

均を上回る成長を続けたS&P500は、その後、下落し始めた。S&P500に投資された1ドルの価値は下落した（**表3.1**）が、これに対して、株価の評価と合理性が再び見直され始めると、52週安値戦略に投資された1ドルの価値は上昇し始めた（**図3.3～図3.5**）。

　表3.1はドットコムバブルまでの10年間のパフォーマンスと、崩壊後のパフォーマンスを示したものだ。

　2000年、ドットコムバルブは崩壊し、市場は下落し始めた。2001年のアメリカ同時多発テロ事件のあと、市場はもはやこの危機を乗り切ることはできなかった。S&P500がゆっくりと成長基調に乗り始めたのは2003年になってからのことだ。

　その間、バリュー投資家と52週安値戦略はドットコムバブルに加担しないことでその崩壊を乗り切った。2000年1月から2003年に経済が

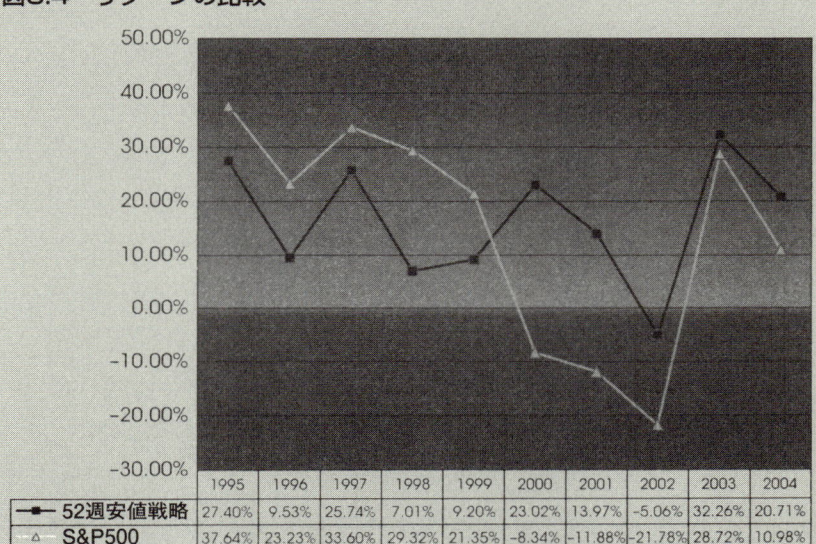

図3.4 リターンの比較

	1995	1996	1997	1998	1999	2000	2001	2002	2003	2004
52週安値戦略	27.40%	9.53%	25.74%	7.01%	9.20%	23.02%	13.97%	-5.06%	32.26%	20.71%
S&P500	37.64%	23.23%	33.60%	29.32%	21.35%	-8.34%	-11.88%	-21.78%	28.72%	10.98%

復調基調に乗り始めるまで、損失はほとんどなく、ほかの投資に比べると、猛烈な勢いで成長し続けた。

ドットコムバブルの間に稼いだS&P500の1.50ドルの追加価値は、ドットコムバブル崩壊後は跡形もなく消え、**図3.5**に示したように、52週安値戦略のドルの成長の後塵を拝している。2004年末には、52週安値戦略のドルの価値（4.36ドル）は、S&P500のドルの価値を35％も上回っている（**図3.5**）。

ドットコムバブルから何かを学んだだろうか。何も学ばなかったのは明らかだ。詳しくは別のケーススタディーで見ていくが、不動産もバブルに沸き、4年後には米国経済を麻痺させた。私たちはこれから何かを学んだだろうか。この場合も、何も学ばなかった。

2012年9月21日、アップルは700ドルを超えて取引を終えた。ほと

図3.5　ドルの軌跡

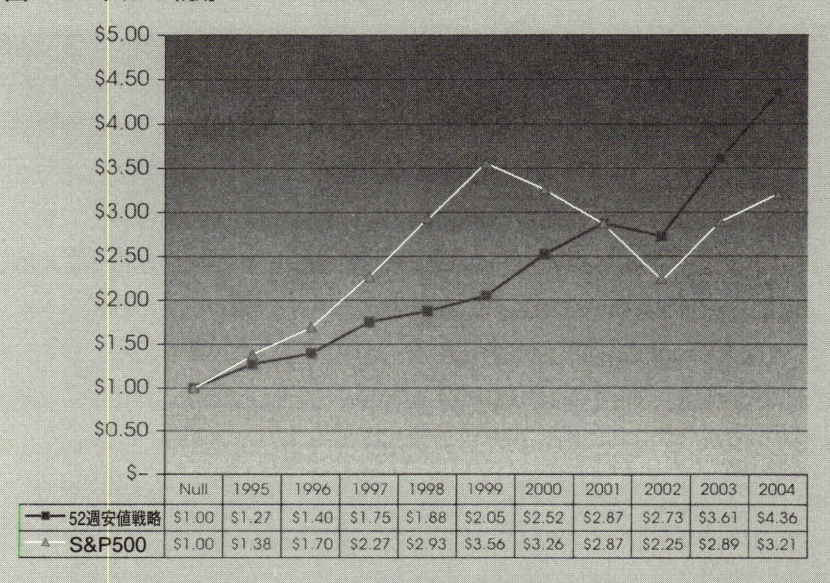

	Null	1995	1996	1997	1998	1999	2000	2001	2002	2003	2004
52週安値戦略	$1.00	$1.27	$1.40	$1.75	$1.88	$2.05	$2.52	$2.87	$2.73	$3.61	$4.36
S&P500	$1.00	$1.38	$1.70	$2.27	$2.93	$3.56	$3.26	$2.87	$2.25	$2.89	$3.21

んどのアナリストはアップルは上昇し続けるだろうと思った。アナリストの1人は、12カ月の目標価格を1株1000ドルに設定したくらいだ。当時、401kのすべてをアップルに投資していた人々のインタビューを思い出す。「だれもがクパチーノ（アップル）のプライドで儲けているってときに、投資しない手はないだろう」。だれもがこう答えた。

しかし、歴史は韻を踏むことがある。チューリップバブルが起こった原因は長年にわたって研究されてきた。今から100年後、アップルバブルが起こった原因も研究の対象になるだろうか。私はそう思っている。熱狂による投資は疑ってかかるべきである。情熱がロジックとシステムをしのぐとき、それは感情に負けている証拠である。

今回だけは違うと思い始めたら、注意が必要だ。

ハワード・マークスはその著書『投資で一番大切な20の教え――賢い投資家になるための隠れた常識』（日本経済新聞出版社）で、懐

疑主義と悲観主義は同義ではないと言っている。楽観主義が度を越えたとき、懐疑主義は悲観主義を求めるが、悲観主義が度を越えたとき、懐疑主義は楽観主義を求めるのである。

　52週安値戦略のようなバリュー投資戦略は、投資の意思決定を行うとき、希望と情熱を排除するのに役立つ。歴史は韻を踏み続けるだろうが、流行を避け、真の価値を追求することが利益を生みだすことを信じることにはそれなりの理由があるのである。

第4章
投資家が犯しやすい5つの過ち
Five Common Mistakes Investors Make

ヤコビの逆転の発想——高い確率で元本を失うのに役立つよくある過ちとは何だろう。それは、立ち止まって、よく考えて行動を起こすのではなく、本能に従うことである。

　立ち止まって、本能的に間違った行いをしていることに気づくことで、あなたのお金は減ることなく、どんどん増えていく。
　私は15年以上にわたって金融の世界で仕事をしてきた。その間、何百人という顧客、多くの投資マネジャーやウォール街のアナリストたちとかかわってきた。投資の世界は絶えず変化し進化しているが、投資家が犯しやすい過ちや落とし穴がある。過ちは悪い投資に限ったわけではない。悪い投資は過ちそのものではなく、過ちの結果として発生するものだ。長年にわたって見てきた過ちは、トレードを行うずっと以前に発生する。その過ちは、メンタルな過ち、心理的な過ちであり、その大部分は回避することができる。投資家たちが犯しやすい過ちは少なくとも5つあり、投資家の不満、失望、悪い結果につながることが多い。

95

過ち１ ── 理性で判断するのではなく、感情を信じる

　私はかなり感情的な人間だ。感情の力は理解している。しかし、投資を行うときには、感情よりもロジック、ルール、規律を重視することが重要だ。マネーマネジメントにおける最もよくある感情は恐怖だ。失う恐怖、見逃すかもしれないと思う恐怖、未知のものへの恐怖。恐怖に流されれば、根拠のない楽観主義が顔を出す。ホットな株 ── 株価が上昇していて、人々を儲けさせてくれるような株 ── を買うことは愚か者のやることだ。競争して株価をつり上げ、会社を過大評価すれば、結局は損をすることになる。同じことは、株価が下がっている良い会社についても言える。反発することを信じて株にしがみついても意味はない。私たちの脳や心の暗くて陰気なくぼみがそうせよとささやく。希望や恐怖で買ってはならない。感情をむきだしにして投資してはならない。52週安値の公式のように、明確なルールや原理に基づいて健全な意思決定を行い、感情を方程式から排除することが大切だ。

　「バリュー投資の父」として知られるベンジャミン・グレアムは次のように言った ──「感情を制御できない人は投資から利益を得ることには不向きだ」。

　2009年、UBSウェルス・マネジメント・リサーチは、「不確実な経済状況における行動の落とし穴（Behavioral Pitfalls in Periods of Economic Uncertainty）」と題するプレゼンテーションで、よくある感情を明らかにし、それを市場パフォーマンスに関連づけた。このプレゼンテーションが行われたのはリーマンショックのベア相場の終わりごろで、タイムリーなだけではなく、きわめて正確なものだった（**図4.1と図4.2**）。

第4章 投資家が犯しやすい5つの過ち

図4.1 市場における感情

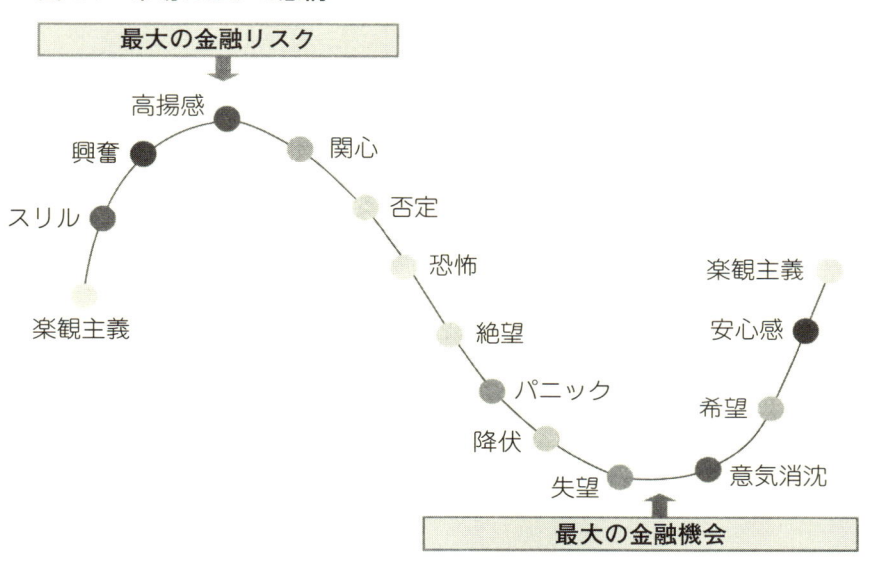

最大の金融リスク ↓

- 高揚感
- 興奮
- 関心
- スリル
- 否定
- 楽観主義
- 恐怖
- 絶望
- パニック
- 降伏
- 失望
- 楽観主義
- 安心感
- 希望
- 意気消沈

最大の金融機会 ↑

図4.2 市場における感情——パート2

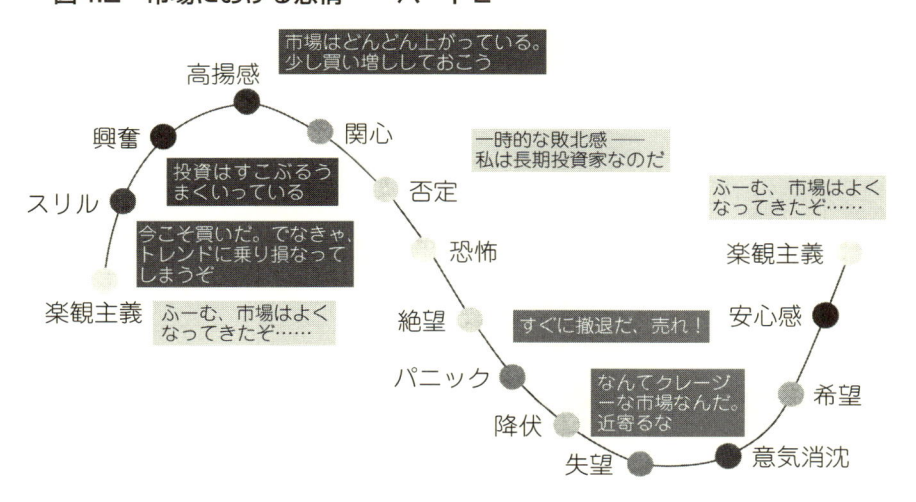

- 高揚感：「市場はどんどん上がっている。少し買い増ししておこう」
- 興奮
- 関心
- スリル：「投資はすこぶるうまくいっている」
- 否定：「一時的な敗北感——私は長期投資家なのだ」
- 楽観主義：「今こそ買いだ。でなきゃ、トレンドに乗り損なってしまうぞ」
- 恐怖
- 絶望
- パニック：「すぐに撤退だ、売れ！」
- 降伏：「なんてクレージーな市場なんだ。近寄るな」
- 失望
- 楽観主義：「ふーむ、市場はよくなってきたぞ……」
- 安心感
- 希望
- 意気消沈

出所＝UBSウェルス・マネジメント

過ち2 ── 規律の欠如とオデュッセウスの約束

　規律に従うことは容易なことではない。雨の朝、起きてランニングに行きたいとは思わないはずだ。おばあちゃんが作ってくれたパイを断ることなんてできない。しかし、投資を行うときは、規律は行動の指針でなければならない。何をなぜ買うのかをあらかじめ決めておくという規律を持つことは重要だ。最も重要なのは、いつ売るかを決めておくことだ。私は株を買うとき、いつ売るかを決めておく。その株がどんなに上昇していても、決めた日に売る。上昇している株を売るのは非常に難しいものだ。雨の日にベッドから体を引きずり起こしてランニングに向かうのと同じくらい難しい。しかし、売る規律を持たなければ、結局は損をすることになる（これは必至）。
　プロセスは人生において不可欠なものだ。養生法というプロセスを持つことは健康維持に役立つ。従うチェックリストというプロセスのない食事療法が何の役に立つだろうか。確立されたプロセスを持つことで、感情や臆病といった外的要素の影響を受ける意思決定をする必要はなくなる。
　アトゥール・ガワンデは、手術ミスを減らし、効率を上げ、安全性を高める専門家として広く知られる医師であり、ジャーナリストでもある。彼はプロセスを確かなものにする手段としてチェックリストに沿うことを信条としている。彼はチェックリストの価値を次のように述べている。

　　複雑な仕事のなかでのチェックリストの役割を誤解することはよくあることだ。超高層ビルを建築するためのチェックリストであれ、飛行機をトラブルから救うためのチェックリストであれ、チェックリストは包括的なハウツーガイドではない。それはプロのスキルを強化するための迅速でシンプルなツールである。迅速で、

使い勝手がよく、適切なものにすることで、チェックリストは大勢の命を救うことができるのである（アトゥール・ガワンデの『アナタはなぜチェックリストを使わないのか？』［晋遊舎］より）。

中学生のときにさかのぼって、ホメロスの『オデュッセイア』を読んだときのことを思い出してみよう。これはオデュッセウス（ユリシーズ）というギリシャ神話の英雄と、無情で容赦のない世界で倫理観や自然と戦うかの船員を描いた物語である。実を言うと、私は大人になるまでこの本のことは知らなかった。しかし、この物語にはどうしても忘れられない一節がある。それは、美しい歌声で航行中の人を惑わし、遭難、難破させる怪鳥セイレーンのいる海域を通るとき、彼がかの船員と交わした約束についての下りだ。

オデュッセウスは人の心を惑わせるセイレーンの歌声に自分はきっと惑わされると思った。それにあらがうことは非常に難しく、もし抵抗しなければ命はない。自分たちは絶対に誘惑には負けないという者もいたが、オデュッセウスは抵抗できないと思い、彼を船のマストに縛りつけ、どんなに暴れても、懇願しても、どんな約束や脅しをしても、彼をマットから絶対に離さないように言った。

オデュッセウスはガワンデと同じように人間のもろさをよく分かっていた。システムがなく、自分たちの思いのままに身を任せれば、悲惨な結果を招く意思決定をしてしまうことを理解していたのである。

投資家たちはこれをオデュッセウスの約束と呼んだ。オデュッセウスの約束とは、大惨事が発生したり高揚感に陥ったりしたときにどうすればよいかを指導してくれるアドバイザーと投資家の間で交わされる合意のことを言う。前方をしっかり見据え、不測の事態に備え、何をすべきかを決めておくわけである。戦略の規定に合致しているかどうかをチェックし、彼らの投資をマットに縛りつけるのである。

これは、例えば、物事がうまくいっているときに行動指針に従う（例

えば、ブームになっている銘柄や大衆を追いかけない）だけではなく、困難なときにも規律あるアプローチに従って困難を乗り越える（例えば、6カ月ごとの再評価で、上がり始めて2カ月で売ってしまうといったことはやらない）ことを意味する。

　規律あるアプローチがなくても、行動指針に従うルールや手段があれば元気づけられるはずであり、これによって陥りやすい落とし穴にはまるのを避けることができる。

過ち3 ── ハロー効果に無関心

　顧客たちが厳しい質問をすることもなくアドバイザーの助言をいとも簡単に受け入れてしまうのには戸惑うばかりだ。これまでこんな光景を何回見てきたか知れやしない。顧客は理由を聞いたり、ロジックや戦略に疑問を抱くこともなく、アドバイザーの言いなりになってお金を投じてしまう。目標や予算を書き込んで、アドバイザーが行けというところに無邪気に行ってしまうのだ。

　私は、顧客には私に疑問を投じてもらいたいと思っている。それは私をさらにハードワークへと駆り立て、重大な問題が発生する前に疑問を投じ、自分の仮説に疑問を持たせてくれるだろう。こうやって私は計画を見直し、それを強化することができるのだ。私は新しい顧客が私の考えに疑問を投じてくるのが大好きだ。特に、52週安値の公式への疑問は大歓迎だ。これは彼らにこの公式のことをより詳しく説明し、理解してもらえる絶好の機会なのだ。それができれば、私の仕事は終わったも同然だ。と言っても、投資家にポートフォリオのパフォーマンスを1分ごとにウオッチしろと言っているわけではない。これは私の仕事だ。アドバイザーの言うことに疑問を持ち、意思決定において積極的な役割を果たせと言っているのである。投資を行うとき、そしてアドバイザーとの関係を調整するときには、「信ぜよ、されど

確認せよ」というスタンスで行くのがよい。そのアドバイザーがきちんと仕事をしている人なら、顧客のために健全な戦略を構築すべく懸命に働いている人なら、彼らはあなたの挑戦を歓迎するはずだ。

　ウォーレン・バフェットはかつて次のように言った――「ウォール街とは、アドバイスをもらう人々がロールスロイスでやってきて、アドバイスを与える人々が地下鉄でやってくる唯一の場所だ」（アンドリュー・グッドマンの「Top 40 Buffett-isms : Inspiration to Become a Better Investor」を参照。『フォーブス』2013年9月25日。http://www.forbes.com/sites/agoodman/2013/09/25/the-top-40-buffettisms-inspiration-to-become-a-better-investor/）。

　ハロー効果という言葉を創案したのは心理学者のエドワード・ソーンダイクだ。これは認知バイアスの1つで、実際の知識ではなく知覚によって人々に必要以上の権限を与えることを言う。例えば、博士号を持っている人を見ると、その人は素晴らしい知性を持っていると思ってしまうはずだ。あなたが高校しか出ていなければ、その人はあなたより賢いと思ってしまうだろう。あなたより賢いのであれば、当然あなたよりもよく知っているはずと思ってしまうはずだ。

　しかし、これは間違いだ。

　自分のことをドクター・ジョンと呼ぶラジオに出ているだれかからアドバイスをもらいたくなるのもハロー効果のなせる業だ。彼は、その人のことをあることについて自分よりもよく知っていると思い込んでいる。理由はいくつかある。第一に、その人はそのことについてのアドバイスをするラジオ番組を持っている、第二に、その人の名前の頭には「ドクター」が付いている。でも、私たちはその人のことについて何か知っているのだろうか。例えば、彼は本当にドクターなのだろうか。機械工学の博士号を持っている人を知っているが、彼はどこに行っても「ドクター」と呼ばれる。しかし、微積分に長けているからといって、彼が結婚相談を受ける資格があるだろうか。必ずしもそ

うとは言えない。私にそんな資格がないのと同様、彼にもそんな資格なんてない。

ラジオ番組についてはどうだろう。ラジオ番組に出ているからといって、彼が自分の話していることを本当に分かっているという証拠にはならない。ラジオに出ることが本物を意味するのなら、そうなのかもしれないが、ラジオに出るには、何時間もしゃべり続けることができ、何よりもスポンサーにアピールすることのほうが重要なのではないだろうか。

投資において自己満足に陥るのもハロー効果のせいだ。会社で働いていたり、何かの学位を持っていたりすると私たちはその人を信用する。これはごく自然なことだ。有名な会社で働き、懸命に努力して学位やプロの資格を取った人は尊敬に値すると思う。しかし、それを額面どおりに受け取るのは愚かなことだ。

群れの行動とバンドワゴン効果の章で述べたように、大衆に従うことは危険だ。だれかの投資アドバイスを額面どおりに受け取るのは危険だ。自分でしっかり調べ、ロジックに挑戦し、手を汚すことを恐れてはならない。結局、それはあなたのお金であり、あなたの貯金であり、あなたの定年後の収入であり、あなたの資産なのだから。自分の意思決定に自信が持てるように、やるべきことをしっかりやろう。

過ち４ ── 情報過多

24時間ニュースやデジタルメディアが愛されるのにはいろいろな理由がある。世界に目を向けることができるし、新しくて面白いことを発見できるし、今起こっていることと深くかかわっているような感じを得ることができるからだ。しかし、投資に関しては、常にオンの状態にあることの大きな欠点は、情報過多に陥ることだ。テレビに登場するキャスターの言うことに従って意思決定する投資家は、絶えず情

報を追いかけて気が狂ってしまいそうになる。テレビのスイッチを入れれば、キャスターは常に会社のことについて話している。勝者はだれか、敗者はだれか、その中間はだれなのか。こんなことはもうやめよう。経済番組ではなくて、ヒストリーチャンネルに切り替えよう。もっとよいのは、テレビを切って、本を読むことだ。テレビ番組のホストから投資アドバイスを得ることは、クレイグスリスト（地域情報コミュニティーサイト）から臓器提供を受けるようなものだ。こんなおぞましいことはない。あなたの金融アドバイザーはテレビで提供されるよりも多くの情報にアクセスでき、MSNBCで新規株式公開（IPO）について叫び、あなたをテレビに釘付けにするのが目的の輩とは違って、あなたの投資の長期的な成功に強い関心を持っている。あなたやあなたの目的やニーズに合った戦略を開発しよう。株価を追いかけるのはデイトレーダーに任せておけばよい。「秘密」の投資機会を教えてくれるという友人や同僚に耳を傾けるのも同じことだ。秘密は秘密のままにさせておこう。あなたにとってベストなものを模索することが重要だ。

　ジェームズ・モンティエは「When Less is More : Simplification and the Art of Investment」（http://www.designs.valueinvestorinsight.com/bonus/bonuscontent/docs/Montier_12_07.pdf　を参照）のなかで、知識の摂取を制限しようとする人々に対するインスピレーションとして、コナン・ドイルと彼の小説のなかで最も有名な登場人物であるシャーロック・ホームズを引き合いに出している。

　人間の脳は最初は空っぽの屋根裏部屋のようなもので、その空間を家具などで埋めていかなければならない。愚か者は目についたありとあらゆる家具を運び込む。したがって、彼にとって役立つ知識は部屋からあふれ、あるいはよくてもほかのものとごちゃ混ぜになり、役立つ情報がどれなのか分からなくなる。しかし、腕の良い熟練工は脳の屋根裏部屋に取り込むものを慎重に選択する。彼が屋根裏部屋に取り

込むものは、作業をやるのに役立つツールだけだ。それらを仕分けし、完璧な順序に並べる。その小さな部屋は、弾力性のある壁でできていて、いくらでも拡大することができると考えるのは間違いだ。知識を追加していけば、以前に知り得たことを忘れるときがある。だから、役立つ事実を追い出して、役に立たない事実を取り込まないようにするのは非常に重要なことなのである。

過ち5 ── 価値と親近性を混同する

　ドットコムバブルのとき、人々は本質的価値のほとんどない、あるいはまったくない会社のIPOで一晩にして大金持ちになった。そのなかでもペッツ・ドットコムは最も有名な例で、それはそのあとに起こるバブル崩壊の前兆だった。しかし、物事がうまくいき、市場が上昇し続けていると、人は天にも上る気分になるものだ。当時、マスコミは、ウォーレン・バフェットのバリュー投資の哲学は死んだと言った。メディアは投資原理の新たな時代の水先案内人のように思えた。しかし、それは単なる流行に踊らされただけだった。バブルのあと何が起こったかはご存じのとおりだ。バブルは崩壊し、何カ月か前まではドットコムを賛美していた人々は資産のすべてとは言わないまでも、ほとんどを失った。しかし、ウォーレン・バフェットの資産は増加し続け、希代の最も成功した投資家の1人であり続けている。それはなぜなのか。それは、彼がバリューを重視してきたからだ。バリューを重視することで、彼は一般大衆とは距離を置き、バブルに巻き込まれずに済んだ。彼の世界最大のポートフォリオは今でも健在だ。人々は価値と価格を取り違える。バリューは安いことを意味するわけではない。バリュー株は1株1ドルのときもあれば、200ドルのときもある。価格は重要ではない。重要なのは株価が会社の価値に見合うものかどうかを見極めることである。投資家はリターンを追いかけすぎ、価値を

見ることはほとんどない。リターンは結局はバブルを生み、揚げ句の果てに崩壊する。価値は変わることはない。少なくとも長期にわたっては。バフェットや52週安値の公式のようなバリュー戦略に専念することが大事だ。そうすれば、歴史の正しい側にいることができ、長期的なリターンは増大し、市場が暴落したあとでも素早く回復することができる。

グレアムは市場評価（株価）は間違っていることが多いと思っていた。彼は「ミスター・マーケット」という言葉を使って、シンプルな真実を述べている――ミスター・マーケットは真の価値よりも高い株価を提示してくることもあれば、安い株価を提示してくることもある。市場のこの特徴が、賢い投資家に「価格が急落したときに賢く買い、価格が急上昇したときに賢く売る」機会を与えるというのが彼の投資哲学だった。

よく知っている会社を買うときにも同じことが言える。よく知っているという思い込みで、価格の判断を誤ることがよくある。その会社は聞いたことがあるから大丈夫だと思ってその株を買うが、実はその株価は過大評価されているという事実を見逃す。ダニエル・カーネマンの『ファスト＆スロー――あなたの意思はどのように決まるか？』（早川書房）で述べられているように、本能に訴えるシステム１の思考と、頭でよく考えるシステム２の思考を区別しなければならないのはこのためだ。システム２の思考は、よく知っているからというだけでその会社の株を買おうとするあなたを牽制するのに役立つ。

2008年、『サイコロジー・トゥデイ』（ジョン・ノフシンガーの「"Familiarity Bias PART I: What Is It?" [Mind on My Money blogの2008年7月25日］。https://www.psychologytoday.com/blog/mind-my-money/200807/familiarity-bias-part-i-what-is-it）でチップ・ヘルスとエイモス・トベルスキーの研究が紹介された。彼らは参加者によく知らないギャンブルとよく知っているギャンブルのうちからどちら

かを選択させるという実験を行った。被験者は、たとえ勝率が低くても、ほぼ全員がよく知っているギャンブルを選んだ。同じ記事ではグル・フーベルマンの論文も紹介された。その論文で彼は、「よく知っていることは安心感を与え、未知のものに対しては不快感や、嫌悪感や恐怖さえ抱く」と述べている。

親近性効果は投資の意思決定にどんな影響を及ぼすのだろうか。それは簡単だ。よく知っているのはよいことだと誤解し、よく知っているものを選んでしまうことである。

ドイツにあるWHUオットー・バイスハイム経営大学の金融学教授のメイ・ワンは、親近性効果は投資家たちの分散化を著しく損なうことが多いと言う（ロバート・スタマーズの「Three Behavioral Biases That Can Affect Your Investment Performance」を参照。フォーブス2011年12月21日。http://www.forbes.com/sites/cfainstitute/2011/12/21/three-behavioral-biases-that-can-affect-your-investment-performance/）。つまり、彼らは聞いたことのある会社や、自分たちが住んでいる国にのみ投資をするということである。しかし、最も危険なのは、働いている会社にのみ投資することだ。これはリスクを倍増させる。例えば、その会社に何か壊滅的なことが起こった場合、こうした投資家は給与所得を失うだけでなく、貯金も失ってしまうからだ。

52週安値戦略は、知っているかどうかにかかわらず、潜在的価値のある会社を見つけることに主眼が置かれる。この戦略を構成するのはいつでも25銘柄だ。52週安値戦略は親近性によって生じるリスクを軽減する効果がある。とは言っても、25銘柄リストに入っている会社は必ずしも知らない会社ばかりではない。ただ、知っているからと言って、それらをリストに含めるかどうかの決定とは関係がないということである。

投資家が陥りやすいバイアス、効果、過ちを理解することは、それ

らを回避するための第一ステップであり、人間の感情、衝動、弱さを克服し、リスクを低減して長期的価値を最大化するためのシステマティックで規律のあるアプローチを構築するための基礎である。

第5章
フィルター２ ── フリーキャッシュフロー利回り

Filter 2 : Free Cash Flow Yield

ヤコビの逆転の発想 ── 私の株式投資が、株を持つことのリスクは負うが、10年物Ｔボンドの無リスク金利よりも少ないキャッシュをもたらすためには、フリーキャッシュフロー利回りが無リスク金利と同じか、少ない会社を選べばよい。こうすれば確実に過大評価した会社を買える。

　つまり、これを逆から考えると、投資する価値のある会社は無リスク金利の数倍のキャッシュフローをもたらさなければならないということになる。つまり、安全域にある会社を買えということである。
　52週安値の公式の５つのフィルターの２番目のフィルターは、その会社が投資する価値があるかどうかを決定するのに役立つ。最初のフィルターは、会社が長期的に競争力を維持できるかどうかを見るためのものだったが、２番目のフィルターは会社の中身を確かめる、つまり、会社の価値を見るためのもので、潜在的キャッシュフローがその会社に投資するリスクを補償してくれるだけのものであるかどうかを確認するためのものだ。
　株を買う場合、その会社を丸ごと買ったときに投資価値があるかどうかを見なければならない。これはベンジャミン・グレアムの『**賢明なる投資家**』（パンローリング）に出てくるアドバイスだ。特に「安全域」

の章で、彼は投資はビジネスライクにやることで最も賢明なものになると言っている。その章で彼が述べていることをまとめたものは以下のとおりである。

> ウォール街の有能なビジネスマンの多くが、仕事での成功をもたらした健全な原理をまったく無視して行動しようとしているのには驚くばかりである。しかし、株式というものはまず第一に、特定の企業に対する持ち分権、あるいは要求と見るのが最も良いかもしれない。そして、証券の売買によって利益を得ようとした場合、それはリスクの高いベンチャーに乗り出すことを意味する。これで成功したいと思ったら、一般に認められたビジネス原理に従って運用することが重要だ。

ところで、フリーキャッシュフロー（FCF）とは何だろう。

まず言葉の定義から始めよう。私はフリーキャッシュフロー、事業主利益、分配可能なキャッシュフローはすべて同義だと思っている。分配可能なキャッシュフローは、ブルース・グリーンウォルドとポール・ソンキンがその著書『バリュー投資入門――バフェットを超える割安株選びの極意』（日本経済新聞社）で定義しているように、事業を損なうことなく事業主が会社から引き出すことのできるお金のことである。

評価プロセスにおいてなぜフリーキャッシュフローはそれほど重要なのだろうか。研究が示すところによれば、フリーキャッシュフローは報告された純利益に比べると会計操作の影響を受けにくいからである。

グレアムとドッドの『**証券分析**』（パンローリング）によれば、損益計算書が会社の会計利益を示すものであるのに対して、キャッシュフロー計算書は会社のお金に何が起こったかを示すものである。同書

の第6版(2008年)ではさらに次のように述べられている――「エンロンやウェイスト・マネジメントのように帳簿をごまかそうとする会社は、少なくともしばらくは、損益計算書を粉飾できることがある。しかし、実際にキャッシュを作り出すことはできない」。

投資会社のマニング・アンド・ネイピアは白書「Free Cash Flow and Dividends : How a Focus on Yield Can Help Investors」で次のように述べている。

> 会社の損益計算書の利益の数字は、発生主義会計、減価償却、支出の資本化によってゆがめられることが多いが、その会社が任意の期間にどれくらいのキャッシュを得ることができたのかは隠すことができないため、フリーキャッシュフローはこうした欠点を防ぐことができる。エンロンの破綻は、フリーキャッシュフローが会社の経営状態について警告を発した最もひどい例だったかもしれない。2001年の破綻に先立つ15四半期のうち、14四半期では1株利益はプラスだったが、1株当たりのフリーキャッシュフローがプラスだったのはわずか5四半期しかなかった(https://www.manning-napier.com/Portals/0/documents/insights/white-papers/free-cash-flow-dividends.pdf を参照)。

しかし、フリーキャッシュフロー利回りと会社の企業価値とを区別するのは重要だ。企業価値とは、あなたがその会社を丸々全部買うとしたらいくら支払わなければならないかを意味するものだ(株式+負債+キャッシュ)。つまり、会社の値段ということになる。例えば、2013年12月10日現在におけるキャタピラーの時価総額は549.9億ドルだが、企業価値は881.6億ドルである(**表5.1**。データは、http://finance.yahoo.com/q/ks?s=CAT+Key+Statistics から入手)。

つまり、キャタピラーにはおよそ330億ドルの負債があるというこ

表5.1　企業価値の計算例

評価指標	
時価総額（日中）	549.9億ドル
企業価値（2013/12/10現在）	881.6億ドル
過去12カ月の利益を基に計算したPER（日中）	16.47ドル
将来の予測利益を基に計算したPER （2014/12/31の1株当たりの予想利益を分母として計算）	14.87ドル

注＝データは特に断りのないかぎり、キャピタルIQから取得

とになる。現実の世界で会社を買う場合、既存の株主から株券を買うだけでなく、債務も引き継ぐことになる。企業のPER（株価収益率）だけを見ていると判断を誤る可能性があるのはこのためだ。なぜなら、PERには企業の負債は含まれていないからだ。益回りという言葉を聞いたことがあると思うが、これはPERの逆数を意味する。例えばPERが20の会社の場合、益回りは1/20、つまり5％ということになる。

キャタピラーの例をもっとよく調べてみよう。負債を含めたPERはどれくらいになるのだろうか。PERは25.2なので、益回りは1/25.2、つまり3.95％である。

次は事業主利益、つまりフリーキャッシュフローを見てみよう。

ウォーレン・バフェットが投資の世界に向けて発信した言葉のなかで、彼がバークシャー・ハサウェイの株主に向けて送付した1986年のレターの一文ほど長く重要性をとどめているものはない。

> 事業主利益は、「①報告された利益」＋「②減価償却、減耗償却、償却、そのほかの非現金コストを足し合わせたもの」－「③会社が長期的競争力や販売数量を維持するために必要な工場や設備などの資本化された支出の年間平均額」で、つまり、①＋②－③である。

これは確かに的を射た言葉だ。バフェットのこの言葉で多くの投資家の考え方は変わった。投資を企業の一部を買うと考えるだけでは、その会社の価値を十分に理解しているとは言えないと、彼は言いたいのである。投資家——少なくとも彼やバークシャー・ハサウェイの株主——は、会社を丸ごと買うことを想定して投資を判断すべきということである。事業主利益は、会社を丸ごと買ったとしたらその会社の価値はどれくらいになるかを投資家に考えさせるアプローチなのである。

デービス・ニューヨーク・ベンチャー・ファンドのクリス・デービスは、1999年、モーニングスターのCFA（証券アナリスト）であるデビッド・カスマンに、「あなたの持っている唯一のものがハンマーだとすると、すべてのものが釘に見えてくる」と言った（デービス・カスマンの「Putting a Price Tag on Slippery Stocks」を参照。1999年5月7日のモーニングスター。http://news.morningstar.com/articlenet/article.aspx?id=754）。これはデービスが従来の指標であるPERよりも事業主利益を好んで使う理由を説明したものだ。事業主利益は株式の真の価値を測るより優れた指標だと彼は言っている。これは、すべてのコスト（ストックオプションも含む）を含めたうえで会社の真の潜在的利益を判断するより洗練された指標なのである。

私やよく知られる投資家の多くがフリーキャッシュフローを計算するときに使う式は以下のとおりである。

営業キャッシュフロー－現在の能力を維持するための資本コスト　　　　　　　　　＝フリーキャッシュフロー

つまり、フリーキャッシュフローとは、会社が競争力を維持したうえで、その会社の事業主がキャッシュレジスターから引き出すことの

できるものということになる（資本コストを差し引いた残り）。
　次の式は、会社の企業価値を計算するための式である。

時価総額＋負債－キャッシュ＝企業価値

そして、フリーキャッシュフロー利回りの式は以下のとおりである。

**フリーキャッシュフロー÷企業価値
　　＝フリーキャッシュフロー利回り**

　したがって、時価総額が10ドルで、負債が90ドルの企業の場合、企業価値は100ドルということになる。会社が1ドルのフリーキャッシュフローを生み出した場合、フリーキャッシュフロー利回りは1ドル÷100ドルで、1％ということになる。
　フリーキャッシュフロー利回りを計算してみることで、無リスクのTボンドから得られる利益に比べてその投資からキャッシュリターンをどれくらい得られるか知ることができ、その投資の良し悪しを判断することができる。
　Tボンドの投資利回りが3％で、その会社のフリーキャッシュフロー利回りが1％だとすると、なぜそんなリスクを犯してまで投資するのか、ということになる。Tボンドに投資すれば3倍の利益を稼げるのに、破滅的状況、景気停滞、競合、スキャンダルといったリスクを伴う会社に、なぜ投資しなければならないのかということである。
　答えは簡単だ。そんな会社に投資する必要はない。
　株を所有するというリスクをとるつもりなら、安全域がなければならない。安全域とは、無リスク利子率に対して何倍のフリーキャッシュフロー利回りが得られるかを意味する。ベンジャミン・グレアムの**『賢明なる投資家』**（パンローリング）の「安全域」のことを書いた

章には、彼が1972年に行った講義のあとの議論をまとめた脚注がある。

> 安全域とは、あなたがその株を買うのに支払った価格に対する利益率と、債券の利子率との差のことを言い、それは不満足な結果を回避してくれる（利益から債券の利子率や配当支払いを差し引いた余剰利益は、将来の悪いニュースに対するヘッジになる）ものだ。『賢明なる投資家』が執筆された1965年、株は１株利益の11倍で買われていた。債券の利子率が４％であるのに対して、９％のリターンということになる。この場合、安全域は100％を超える。

次の例を見てみよう。

あなたはアイスクリーム屋のトラックを１台買うことになった。

赤いトラックは1000ドルのフリーキャッシュフローを生みだし、時価総額は１万ドルだ。したがって、赤いトラックのPERは10である。

緑のトラックは750ドルのフリーキャッシュフローを生みだし、時価総額は１万5000ドルだ。したがって、緑のトラックのPERは20である。

投資家はどちらのトラックを選ぶだろう。
もう少し調べてみると、赤いトラックには２万ドルの長期負債があることが判明した。これを考慮すると、この会社を丸ごと買うには３万ドル必要ということになる（１万ドル＋２万ドルの負債）。この会社のフリーキャッシュフロー利回りは3.33％だ。これは10年物Ｔボンドの無リスク利子率をかろうじて上回る程度である。
緑のトラックについても調べてみると、このトラックはキャッシュ

１万ドルを持っており、負債はないことが分かった。この会社を買うには5000ドルあれば事足りる（１万5000ドル－１万ドルのキャッシュ）。この会社のフリーキャッシュフロー利回りは15％だ。この会社はキャッシュを無リスク利子率の５倍以上も稼いでいることになる。

どちらの会社を買うべきか、つまり安全域の大きな会社はどちらかもう分かったはずだ。

あなたのようなビジネスマン、あるいはビジネスマンになろうとしている人は緑のトラックを買うだろう。なぜなら、緑のトラックの投資利益率は15％で、あなたはその15％を再投資に使うことができるからだ。この15％のフリーキャッシュフロー利回りと、10年物Ｔボンドに投資したときに得られたであろう無リスク利子率と比較してみると、10年物Ｔボンドの無リスク利子率は2.75％なので、緑のトラックを買うことでＴボンドを買ったときの５倍以上の利益が得られることになる。これは大きな安全域だ。一方、赤いトラックの利益はＴボンドの２倍に満たない。これではリスクを犯す価値はない。

安全域とは、フリーキャッシュフロー利回りの10年物Ｔボンドの無リスク利子率に対する倍率を意味するということを覚えておこう。

もしあなたが会社を買おうと思っているのなら、フリーキャッシュフロー利回りは、10年物Ｔボンドの無リスク利子率を若干上回る程度ではダメだ。52週安値の公式では、10年物Ｔボンドの無リスク利子率に対するフリーキャッシュフロー利回りの最低倍率を設定している。一般株に投資するリスクを考慮して、私たちは無リスク利子率を若干上回る程度ではなく、大幅に上回るフリーキャッシュフロー利回りを設定している。最低倍率は自己裁量によって決められるが、単に多いか少ないかよりも、倍率を使うことで、安全域の大きな会社に焦点を当てることができるため、潜在的リワードが増えるだけでなく、リスクの低減にも役立つ。

ＷＡＣＣ（加重平均資本コスト）を上回るROIC（投下資本利益率）

が株主利益の増加を示す主要インディケーターであるように、フリーキャッシュフロー利回りは、会社の健全性（フリーキャッシュフロー）をその評価（企業価値）に結びつけるものだ。これが正しい会社を選ぶための52週安値の公式の２番目のフィルターであるのはこのためだ。この２番目のフィルターは、真の価値──市場の激しいスイングの影響をあまり受けず、うまく切り抜ける力──を持ち、リスクに見合った投資価値のある会社を選ぶのに役立つものだ。

フェアホルム・キャピタル・マネジメントの創設者で、モーニングスターが発表した「過去10年で最高のファンドマネジャー」の１人に選ばれたブルース・バーコウィッツは、2009年９月30日のフェアホルムのウェブキャストで、事業主利益とフリーキャッシュフローの重要性と、そのおかげでドットコムバブルに巻き込まれずに済んだことについて述べている。

> フェアホルムでは、会社の真の利益、つまりフリーキャッシュフローが期限のないクーポンのようなものとして機能する会社の資本構造のなかで、一般株は最も下級な債券として扱われている。平均を上回るリターンを生みだす上級の安全な債券を見つけることができたとき、私たちは本当に興奮する。私たちはその市場価格とフリーキャッシュフローの推定値を比較して、期待投資リターンを決定する。問題なのは価格であって、正しいものを買えば成功したも同然で、あとは期待フリーキャッシュフローの正しい推定値を求めるだけである（トランスクリプトは、http://www.grahamanddoddsville.net/wordpress/Files/Gurus/Bruce%20Berkowitz/Fairholme%20Conference%20Call%20-%2009-30-09.pdf から入手可能）。

ドットコム時代にあなたの使った指標（フリーキャッシュフローを

分子とした指標）がこれだけだったのなら、ドットコムバブルが崩壊したときに倒産した会社のすべてとは言わないまでも大部分を回避できたはずだ。なぜなら、この指標はフリーキャッシュフローがプラスの会社のみを見つけだす指標だからである。ドットコム時代に市場に現れた会社の多くは、フリーキャッシュフローはゼロかマイナスだった。

第3章のケーススタディー2の「1980年〜2012年の1ドルの軌跡」では、1990年代の終わりごろの52週安値戦略のパフォーマンスが市場をアンダーパフォームしたのを見た。この時期、ほとんどの投資家は基本的な評価指標を無視した。バブルが崩壊してこの傾向は劇的に変わり、評価や論理的な意思決定が投資プロセスで再び重視されるようになると、52週安値戦略のパフォーマンスは上昇し始めた。

ウォーレン・バフェットやベンジャミン・グレアムのように事業主として考えることが重要だ。尊敬される投資家たちはみんな安全域の大きな会社に注目する。Tボンドの無リスク利子率よりも少ないキャッシュを生みだすような会社を、優秀なビジネスマンは買うだろうか。

ノーである。あなたもそんな会社を買ってはならない。

ケーススタディー3 ── 52週安値戦略とその復活

ヤコビの逆転の発想 ── 私は価値を無視して成長のみに注目し、期待できる成長にはいくらでもお金を支払うつもりだ。市場は上昇し続けると信じているし、壊滅的損失は過去の産物だと思っている。たとえこれに反する証拠があったとしても、そう固く信じている。私は、下方リスクから私を守ってくれ、素早く復活させてくれるものを選ぶ代わりに、今最もパフォーマンスの高いものに投資する。復活なんて考えることはない。無限の利益を得ることにのみ集中すればよい。

　今回だけは違うなんてことはない。これを事実として受け入れることが重要だ。市場について正しい事実を受け入れれば、あなたの投資の健全性と長期的価値は大きく違ってくるだろう。市場についての正しい事実とは、

1. 物事は好転するだろう
2. 物事は悪化するだろう
3. いつ、どこで物事が好転し、悪化するかを知る確かな方法などない
4. だから、最良の場合ではなく、最悪の場合に備えて計画することが重要だ

　何とシンプルなことか。
　最悪の場合に備えることを、現実を無視したり、妙案を考えることだと思う人もいれば、回避することだと考える人もいる。52週安値戦略の投資家にとって、それは戦略に従い続けることを意味する。市場を崩壊させる要因はいろいろある。自然災害、政治の失敗、危機、戦争などいろいろだ。しかし、災難を悪化させる要因は数えるほどしか

ない。恐怖、怒り、パニックはすべて回避することができるのだ。
　投資家はロボットや非人間的なものでなければならないと言っているわけではない。それとはまったく逆だ。私が言いたいのは、投資戦略は、感情は良い意思決定を狂わせるものであることを認識し、それらを乗り越える構造を提供する必要があるということである。
　私が本書を執筆したのは2013年の晩秋だった。そのとき、投資家にとって空はどこまでも青く、無限の広がりを持っているように見えた。毎晩、新聞の見出しはS&Pやダウが史上最高値を更新したことを伝え、テレビのキャスターは繁栄の新たな時代がやってきたことを高らかに叫んでいた。失業者数は減少し、世界は投資家にとって思いのままのように見えた。
　私たちはみんなもっと慎重になるべきだ。私たちのなかにもそんな人はいる（無意識的には私たち全員）。
　今回だけは違うなんてことはないことを私たちは知っている。利益はそのうちに頭打ちになり、減少していくことも知っている。利益はニュートンのリンゴよりも早く落ちていく可能性が高いことを私たちは知っている。私たちはこれをどうやって知るのだろうか。それは歴史が教えてくれる。わずか18カ月前、同じテレビのキャスターや新聞の見出しは、午後に100ドル以上動く激しいスイングについて報じていた。その少し前、市場が崩壊するのをどうしようもない思いで見ていた。それは不動産バブルだった。そして、その前にはドットコムバブルとその崩壊、その前はインフレ、冷戦、中東問題。いつも空は落ちてきた。それは永遠に続くように思えた。
　52週安値戦略から何か得られるとすれば、それはこれだ──投資アドバイスとして新聞の見出しには耳を傾けるな。友人のヒステリーや敗北の話は聞くな。聞こえてくるもの──希望、恐怖……──は聞いてもよいが、すぐに忘れよ。どんなときも、1日の終わりにはたそがれは必ずやってくる。今回だけは違うなんてことは断じてないの

だ。

　私の好きな諺は、何度ころんでも気にするな、である。重要なのは、何度起き上がったかである。回復や復活は、問題を避けることではなく、現実を無視することでもない。回復とは、困難な状況に陥ったときに復活するためのスキルと戦略を持つことであり、そして素早く完璧に復活することが重要だ。

　2007年から2009年にかけてはこの33年間のなかで最悪の時期だった。2007年11月から2009年2月にかけて、S&P500は16カ月連続して下落し、その価値を50％以上も失った。ダウが1日で3桁下落するのは普通で、投資家や金融のプロたちはまるでジェットコースターのように、損失と利益を繰り返していた。私はそれを鮮明に覚えている。だれもが出血を止めようともがき苦しみ、もう片方の靴がいつ脱げるのかを不安な気持ちで見ていた。このビジネスをやるには最悪の時期だったが、実際にはどんなビジネスをやるにも最悪の時期だった。

　52週安値戦略が大恐慌の影響を受けなかったと言えばウソになる。ほかの戦略と同じように、私の戦略もひどくやられた（エンピリトラージの独立したバックテストを参照）。

　S&P500は16カ月でその価値は50％以上下落し、同じ時期、52週安値戦略は45.4％下落した。この時期は何に投資してもうまくいかなかった。こんなときには恐怖やパニックがいつ発生してもおかしくない。正直言って私も恐怖を感じ、パニックに陥った。でも、これはストーリーの半分にすぎない。損失のあとには回復が続くが、回復は投資家が必ずと言ってよいくらい誤解している概念だ。得たもののパーセンテージが失ったもののパーセンテージに等しいとき、完全なる回復を達成することはできない。損失よりも大きな利益を得て初めて、復活することができるのだ。

　あなたが1ドル持っていて、その50％を私がもらえば、あなたには0.50ドルが残る。残されたものにその50％を加えても1ドルにはなら

ない。私があなたからお金をもらう前のスタート地点に戻るには100％の回復が必要だ。メディアが回復の話をしているとき、パーセンテージを使っているときには注意が必要だ。これはダマシのテクニックなのである。

- 10％損をしたら、元に戻すには11.11％回復する必要がある
- 20％損をしたら、元に戻すには25％回復する必要がある
- 33.24％損をしたら、元に戻すには49.76％回復する必要がある
- S&P500のように50.95％損をしたら、元に戻すには103.97％回復する必要がある

見ても分かるように、どのパーセンテージも重要だ。

投資家が景気後退前のスタート地点に戻るには、16カ月で失った分の2倍の成長率が必要だった。当時彼らはそれには何年もかかるだろうと言ったが、ほとんどはそのとおりだった。何度か停止と開始を繰り返し、ようやく回復しても、またよろめく。新聞・雑誌の見出しは恐怖を掻き立てるようなことを書き立て、人々が市場に殺到すれば市場は激しく上下動する。経済がどん底に落ち込むと同時に、情報時代は加熱した。人々はパニックになり、過剰に反応した。完全なる回復は控えめにいっても困難そうに見えた。

しかし、買い手よりも売り手の多い質の高い会社 ―― 成長を期待でき、損失から隔離されている会社 ―― を見つけることに焦点を当てた52週安値戦略は、損失を低減できただけでなく、市場よりもはるかに速い回復を遂げることができた。S&P500と52週安値戦略の回復の様子を示したものが**図5.1**である。

52週安値戦略は底を打ってから回復するまでに12カ月しかかからなかった。16カ月間にわたる損失は、2つの6カ月のリセットサイクルで完全に取り戻した。これに対してS&P500は2012年3月にようやく

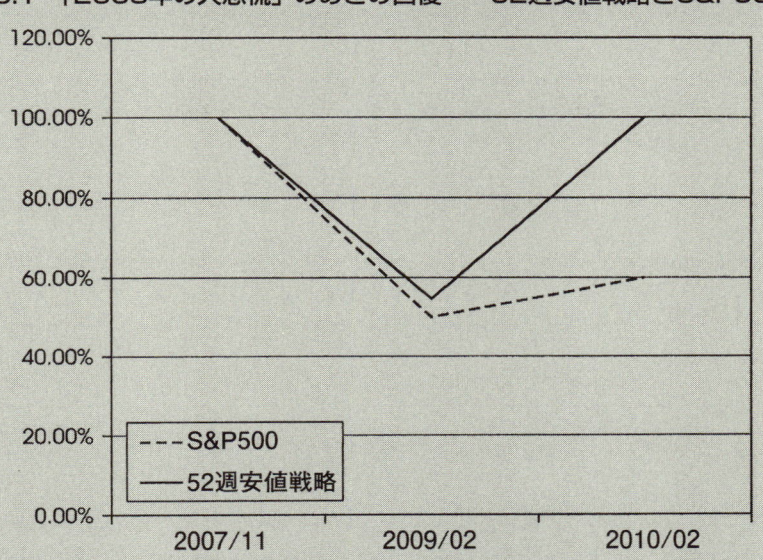

図5.1 「2008年の大恐慌」のあとの回復──52週安値戦略とS&P500

[グラフ: 2007/11に100%から始まり、2009/02で52週安値戦略は約55%、S&P500は約50%まで下落。2010/02に52週安値戦略は100%まで回復、S&P500は約60%に回復]

イーブンにもどり、回復するまでに37カ月かかった。

　これは説得力のある発見であり、私の心の働きを象徴するものだ。利益が不相応に大きな戦略ではなくて、52週安値戦略を使うことで、最悪のケースのシナリオに焦点を当てることができたため、資産をコントロールし、守ることができたのである。2007年11月から2009年2月までの期間がその最悪のケースのシナリオだったわけである。33年にわたるバックテストのなかで、この期間はS&P500と52週安値戦略の双方にとってパフォーマンスが最悪だった唯一の期間だった。

　52週安値戦略は回復能力があることをこれまで幾度も示してきた。独立した分析会社であるエンピリトラージが評価したすべてのデータのなかで、52週安値戦略がS&P500をアンダーパフォームした唯一の指標は、最悪の月次絶対リターンだけだった。1987年11月、52週安値戦略は25.84％下落したが、S&P500の下落は21.58％だった。しか

し、52週安値戦略の最良の月次絶対リターンが32.06％だったのに対し、S&P500はわずか13.52％だった。

　ダウンサイドを分析してみると、52週安値戦略が損失を低減することでいかにして投資を守ったかが分かる。

　12カ月の最悪のパフォーマンス
　　S&P500　　　　　－42.54％
　　52週安値戦略　　－37.39％

　36カ月の最悪のパフォーマンス
　　S&P500　　　　　－40.35％
　　52週安値戦略　　－31.22％

　1980年から2012年までの期間における損をした年数
　　S&P500　　　　　　　6
　　52週安値戦略　　　　4

　52週安値戦略が損失を低減し、素早く回復できた理由は、アップサイドで市場をアウトパフォームしたのと同じ理由だ。なぜなら、52週安値戦略を構成する25銘柄は定期的にかつ厳格にリバランスしていたからである。52週安値戦略は年金口座に対しては年2回リバランスし、大きな非年金口座に対しては、短期キャピタルゲインの税率よりも長期キャピタルゲインの税率のほうが低いため、通常年1回リバランスする。すぐに回復しそうな過小評価された会社に焦点を当てながらリバランスすることで、損失を長い間放置することなく、市場が追いつく前に大きな成長を遂げる可能性を増大させることができる。

　以下は、NYSE（ニューヨーク証券取引所）において最低時価総額が20％、40％、60％を占める銘柄を年1回および年2回リバランスし

た、1980年から2012年までの52週安値戦略とS&P500のコスト差し引き前のパフォーマンスを示したものである。

年1回のリバランス

NYSEの最低時価総額が20%
 52週安値戦略 14.2%
 S&P500   11.36%

NYSEの最適時価総額が40%
 52週安値戦略 15.99%
 S&P500   11.36%

NYSEの最適時価総額が60%
 52週安値戦略 16.12%
 S&P500   11.36%

年2回のリバランス

NYSEの最低時価総額が20%
 52週安値戦略 14.69%
 S&P500   11.36%

NYSEの最適時価総額が40%
 52週安値戦略 15.89%
 S&P500   11.36%

NYSEの最適時価総額が60%
 52週安値戦略 17.17%
 S&P500   11.36%

これ以上の分析が必要だろうか。12カ月ごとおよび6カ月ごとにリバランスするとリターンはどうなるかを見ることは、大きな非個人退職年金勘定にとって重要なことだ。どちらのバックテストも、年2回リバランスしたほうがリターンは高いが、短期のキャピタルゲインの税金を考慮すると、年1回のリバランスのほうが税金差し引き後のリターンはおそらくは良いだろう。このようにこの戦略は年1回リバランスする非個人退職年金勘定の投資家にとっても、年2回リバランスする年金プランの投資家にとってもうまくいく。

　52週安値戦略は十分な回復力があり、経済の後退期も乗り切ることができるだけでなく、市場の成長期に便乗することもできる。投資において最も重要なことは、今回だけは違うということはないことを認識することである。ブームのときを基準に計画を立ててはならない。最悪のケースのシナリオを念頭に入れて計画を立て、成長期に便乗する。これが重要だ。

第6章
恐怖と意思決定疲れが持つ力
The Power of Fear and Decision Fatigue

ヤコビの逆転の発想 ―― 不安、恐怖におののき、不確実性に悩まされないように、興奮できる投資、十分な資本がある会社にのみ投資しようと思う。みんなに愛され、うまくいっている会社に投資するほうが、みんなに嫌われ業績の悪い会社に投資するよりも安心できる気がする。投資プロセスで不安を感じるのは嫌だ。

　これを逆から考えると、不安を感じ、認知バトルに陥っているとき、あなたは正しい価格で買っていることになる。安く買おうと思ったら、ニュースや熱狂やその会社に感じるあなたの感情は逆効果でしかないことを忘れてはならない。
　ちょっとしたゲームをやってみよう。オークションであるものを入札する費用として私があなたに25ドルを渡したとしよう。オークションの品は安い品だが、私はあなたに、もしオークションで落札して、それが25ドルよりも安ければ、25ドルは全部あなたのものになると言ったとする。あなたはどれだけ真剣に落札しようとするだろうか。おそらくはそれほど真剣には落札しようとはしないだろう。結局、それはあなたのお金ではないからだ。でも、もし私があなたに25ドルを渡し、もしオークションで落札できなければ、全部返してもらうと言ったとしたらどうだろうか。これであなたの考え方は変わるだろうか。

もし落札に失敗すれば、あなたは25ドル返さなければならないのだから、あなたは真剣に落札しようとするだろうか。黙っているところを見ると、答えはイエスであることは明らかだ。

　ニューヨーク大学の科学者たちは2008年に同じような研究を行った。彼らは画像技術を使って、宝くじ券を与えられた被験者と、オークションで入札するためにお金を渡された被験者の脳活動を調べた。当たりくじを引くことでしか利益を得られない宝くじ券を与えられた者たちは、オークションで落札しなければお金を返却することになる者たちに比べると、脳活動の画像を見ると分かるように、あまり興味を示さなかった。この違いはどこから来るのだろうか。それは恐怖である。

　恐怖は人間の経験のなかで最も強力な感情だ。恐怖はあなたを鋭くし、生き生きとさせる。恐怖の力はあなたの知っている人々の生活のなかに見ることができる。あなたがこれまで見てきたなかで最も成功した人を思い浮かべてみよう。彼らはおそらくは恐怖が動機になることが最も少ない人々だろう。彼らはイチかバチかやってみる人々だ。新しいことに挑戦する人々だ。彼らは独創的な考えをする人々だ。最も成功しなかった人々はどうだろう。彼らはおそらくは１つの仕事にとどまり、新しいスキルを学ぼうとしない人々だ。彼らは恐れているのだ。新しいことに挑戦すると努力が必要になり、しかも結果は分からない。恐怖は手足から自由を奪い、息苦しくさせる。投資では、恐怖はあなたが目標を達成するのを阻害し、もっと悪いことに、正しい意思決定や決断をできなくしてしまう。

　恐怖はどうやって克服すればよいのだろうか。それは方程式から恐怖を取り除いてやればよい。ポジティブなことに集中する ── 宝くじが当たれば、オークションで負けたときよりもはるかに利益になる ── のは難しすぎる。それに、恐怖の反対は楽観主義ではない。恐怖の反対はロジックであり、ロジックに基づく意思決定は助けを必要とすることが多い。

私には、飛行機が怖くて、どんなに時間がかかっても車で行くことを好む友人がいる。恐怖が陸から離れられなくしてしまうのだ。アメリカでは高速道路や脇道よりも飛行機のほうが安全だとしても、そんなことは彼にとってはどうでもよいことだ。車のほうが高くつき、時間がかかっても、彼は気にしない。彼は飛行機に乗る恐怖にとりつかれている。だから、飛行機には絶対に乗らない、特に1人では乗らない。でも、彼の奥さんが車か飛行機かを決めたとしたらどうだろう。彼女が統計学と算術を勉強して、彼が飛行機に乗れるようにしたらどうだろう。恐怖はほとんどの場合、孤独のときに沸き起こる。それは完全に個人的な経験であって、正当な理由などない。

これをあなたの投資とどう結びつければよいのだろうか。恐怖を取り除くことは、あなたの金融アドバイザーとの関係の基本である。データを調べて、合理的な推奨を行うのはアドバイザーの仕事だ。投資で成功したければ、恐怖を和らげる方法を見つけて、アドバイザーの声に耳を傾け、彼にいろいろな質問をしてロジックを理解しようと務め、良い意思決定や決断ができるようにするのがあなたの仕事だ。

1ドル持っていて、10％以上の確率で負け、5％以上の利益は望めないものへの投資と、22％の利益をもたらしてくれる確率が75％だが、15％の確率で負ける戦略のどちらかを選ばなければならないとしたら、あなたはどちらを選ぶだろうか。恐怖に基づいて意思決定するような人なら、最初の選択肢を選ぶだろう。しかし、恐怖を克服して論理的な意思決定をするような人なら、後者のシナリオのほうがよいことを理解し、そちらを選ぶだろう。しかし、ほとんどの人は前者を選ぶ。それが恐怖のパワーというものである。前者のほうが安全に思え、はっきりしているからだ。ほかの戦略を追いかけるのは未知の世界であり、リスクが高すぎる。

しかし、恐怖は現実とは無関係なことが多い。

有名なリサーチ会社のダルバーは、「投資家の破壊的行動」につ

いて10年かけて研究(「Quantitative Analysis of Investor Behavior」2012年3月。http://www.qaib.com/ を参照)し、ほとんどの投資家は「恐怖や強欲といった感情によって動かされる」という結論に達した。彼らは次に示すようなネガティブな行動に屈してしまうのである。

- 連勝が続くことを期待して、トップパフォーマーにお金を注ぎ込む
- 市場はけっして回復することはないと考え、市場のパフォーマンスの悪い領域を避ける
- 投資プランを放棄し、市場の動きに身を任せる

　ダルバーによれば、結果は衝撃的なものだった。1993年から2012年にかけて、平均株式リターンは8.6％で、平均的な株式ファンドの投資家のリターンは4.3％だった。現実世界のパフォーマンスと投資家の実現利益との差は、デービス・アドバイザーズ(デービス・アドバイザーズの「Essential Wisdom for Today's Market」を参照。http://davisfunds.com/download/EW.pdf)の言うところの「投資家の行動ペナルティー」によるものである。換言すれば、投資家は悪い行いによってパフォーマンスを損ねてしまったということである。投資家の悪い行動は、恐怖や強欲によって生み出されることが多い(**図6.1**)。

　ほとんどの人がだれもと同じように投資するのはそのためだ。これは間違った安心感を与える。彼らにとって、人と違ったことをして損をするリスクは犯さないほうが賢明なのだ。これは安全であるかのような感覚を与える。前にも言ったように、ほかの戦略を追いかけるのは未知の世界であり、リスクが高すぎるのである。

　子供のころ、何かが怖くなると、恐怖の感情が間違っていることを証明する情報を求めたり、その恐怖がどこからやってきているのか問うたりしたものだ。大人になると、このプロセスを忘れてしまったか

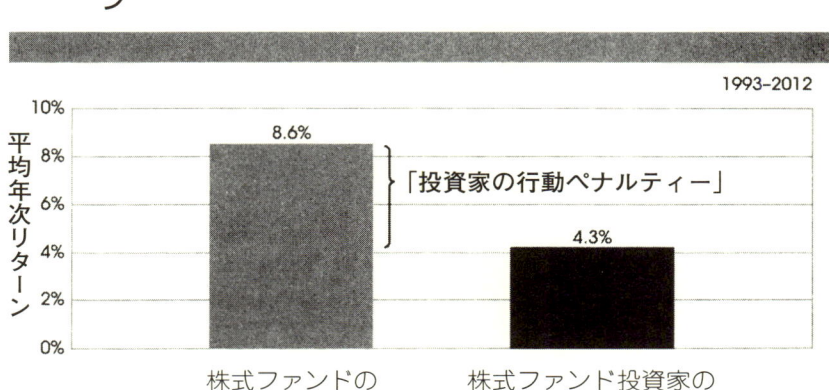

図6.1 株式ファンドの平均リターンと株式ファンド投資家の平均リターン

```
                                          1993-2012
平均年次リターン
10%
 8%    8.6%
 6%           「投資家の行動ペナルティー」
 4%                         4.3%
 2%
 0%
    株式ファンドの       株式ファンド投資家の
     平均リターン           平均リターン
```

のようだ。私たちは根深い投資の恐怖というものを、子供のころと同じエネルギーと粘り強さを持って探究すべきである。そうすれば恐怖による落とし穴にはまるのを防ぐことができ、論理的な機会を逃さずに済む。

まだ確信が持てないのであれば、次の質問に答えてほしい。

米国で早死をもたらす要因はサメに襲われて死ぬことだろうか、それとも飛行機から落ちてきた部品に当たって死ぬことだろうか。

ここまで本書を読んできた人は、もう正しい答えが分かったはずだ。飛行機から落ちてきた部品に当たって死ぬ確率のほうが高いのである。

『ファスト＆スロー』（早川書房）の著者である心理学者のダニエル・カーネマンによれば、飛行機から落ちてきた部品に当たって死ぬ確率は、サメに襲われて死ぬ確率の30倍である（http://www.learner.org/series/discoveringpsychology/11/e11expand.html を参照）。しかし、なぜ私たちは破片に当たって死ぬことを怖がらないのだろうか。そして、海に入ったときはいつでも背骨が痛くなるのはなぜなのだろうか。

それは恐怖 —— 非論理的で非理性的な恐怖 —— である。「ジョーズ」や「ソウル・サーファー」といった映画は見たことがあるはずだ。米国ではサメに襲われることに神秘性を感じ、したがってサメに襲われることに対する恐怖心も強い。ウソかどうかは別として、サメの攻撃に対する情報も多く、そのためサメに襲われる危険性のほうが高いと思ってしまうのである。

恐怖は実際のリスクとは無関係なことが多い。リスクは感情ではなく、論理的な計算だ。投資では、恐怖に基づく意思決定をしてはならない。リワードの機会を高め、リスクを軽減するルールを作り、あるいは従うことが重要だ。

2011年8月、ニューヨーク・タイムズ・マガジンはイスラエルの刑務所から仮釈放予定の3人の男の運命を描いたジャーナリストのジョン・ティアニー(ジョン・ティアニーの「Do You Suffer from Decision Fatigue?」を参照。ニューヨーク・タイムズ・マガジン、2011年 8 月21日。http://www.nytimes.com/2011/08/21/magazine/do-you-suffer-from-decision-fatigue.html?pagewanted=all&_r=1) の話を掲載した。3人のうち、仮釈放されたのは1人だけだった。仮釈放されたのはどの男だろうか。

ケース1 (午前8時50分に審理された)
　アラブ系イスラエル人。詐欺罪で30カ月の刑に服している。

ケース2 (午後3時10分に審理された)
　ユダヤ系イスラエル人。暴行罪で16カ月の刑に服している。

ケース3 (午後4時25分に審理された)
　アラブ系イスラエル人。詐欺罪で30カ月の刑に服している。

どの男が仮釈放されたかを知るための情報は、すべて上記の簡単な説明のなかに含まれている。でも、あなたにはその情報が何か分かるだろうか。ニュース、特にイスラエルについてのニュースに従えば、民族性や罪による先入観を持つはずだ。つまり、暴行罪という暴力を犯した男よりも、非暴力の詐欺罪を犯した男のほうが釈放される可能性は高いと思うはずだ。しかし、詐欺罪は２人いて、釈放されたのは１人だけである。民族性はどうだろう。その地域の複雑な民族政策を考えれば、アラブ系の男よりもユダヤ系の男のほうが釈放される可能性は高いと思うかもしれない。

どちらの考え方も一応表面的には理にかなっている。しかし、データが示すところによれば、どの囚人が釈放されたかは犯罪の性質や民族性とは無関係で、関係があったのはその日の時間だった。釈放されたのはケース１の朝早くに審理された囚人だった。

しかし、なぜこうなるのだろうか。

意思決定疲れは私たちのだれもが直面するものだ。常に多くの情報やデータにあふれた世界、私たちの生活が、私たちの行う少ない大きな意思決定や決断だけでなく、毎日の無数の取るに足らない意思決定や決断によって形成される世界では、意思決定疲れが起こる。その日が進むにつれ、行わなければならない意思決定は増えていく。その日の終わりには、何千とは言わないまでも、何百という意思決定や決断を、データなどあらゆることに基づいて行っている。フレッシュな気持ちで始まった新たな日が終わるころには、私たちはもう意思決定や決断することに疲れ果てる。

夜になるとソファーに座って、漠然とテレビを見てしまうのはこのためだ。これはキャンディーやクズのような雑誌が雑貨屋のレジのそばに置かれているのとまったく同じ理屈だ。買い物するとき、いろいろなことを考えて意思決定するのに疲れてしまう。乳製品、肉、乾物などのある棚を見て回りながら、私たちのニーズや健康のことを考え

ながら意思決定を繰り返す。そしてレジのところにやってくると、思わずキャンディーバーに手が伸びる。これには頭を使わなくてもよいからだ。イスラエルの刑務所からケース1の囚人が釈放されたのも同じ理由だ。その日が終わりに近づくころには、仮釈放委員会はすでに何百という大きな決定、小さな決定をしてきた。そこで最も楽な行動をとることになる。つまり、有罪判決を受けた囚人は刑務所に入れたままにしておこう、ということになるわけである。

2004年、MITのダン・アリエリーとジェウォン・シンは「Keeping Doors Open : The Effect of Unavailability on the Incentives to Keep Options Viable」(『マネジメント・サイエンス』2004,50、p.575〜586。http://web.mit.edu/ariely/www/MIT/Papers/doors.pdf を参照)と題する研究の結果を発表した。これはアリエリーが設計したコンピューターゲームを使った研究で、2つのプレーヤーグループに対して実験が行われた。ウェブサイト「Reflective Happiness」(「The Hidden Cost of Keeping Your Options Open」2012年12月23日。http://reflectivehappiness.wordpress.com/2012/12/23/the-hidden-cost-of-keeping-your-options-open/#more-277 を参照)はこのゲームを次のように記述している。

> 1つのドアをクリックすると、参加者は部屋に入ることができ、その部屋の中でクリックすると一定額のお金がもらえる。もらえるお金の額はある程度の幅をもってランダムに変化する。その幅はその部屋によって異なる。参加者はクリック1つでいつでも別の部屋に行くことができる。したがって、お金を稼ぐこと(部屋のなかでクリックする)と、どの部屋にいけばお金を最も稼げるか(部屋を変える)の間でトレードオフが発生する。この実験は「すぐに手に入る」グループに対して行われた。
> 　一方、「入手可能性が減少する」グループに対する実験は、こ

のゲームを少し変えた形で行われた。この変形バージョンのゲームでは、……**選択肢を失う潜在的コストが加えられた。**
このゲームの結果……**人間にはできるだけ多くの選択肢が使えるようにしておくという自然な傾向があることが分かった。そのため最適ではない結果に導かれてしまうのである。**

　この研究ではシンとアリエリーも次のように述べている──「選択肢を維持するのにコストがかからない世界では、こうした傾向は見られなかっただろう。しかし、日々の生活では選択肢を維持するのには大きなコストがかかり、これが間違った行動へとつながるのである」。
　意思決定疲れは投資において間違った選択を促す大きな要因だ。私たちの世界には情報があふれている。私たちは選択肢を探し、最後には疲れ果て、無関心になり、少し怠惰にさえなる。私たちは抵抗の最も少ない道を選び、頭を使わずに選択し、衝動にかられて投資選択をする。
　52週安値戦略はノイズを取り除き、バリューに重点を置いて考えるように促してくれるものだ。つまり、意思決定疲れに陥らないように設計されているのである。5つのフィルターを使えば、何千という潜在的投資選択から解放され、心的エネルギーを使って正しい意思決定や決断をすることができる。これらのフィルターはチェックリストのようなもので、何が大事なのかに意識を集中させることができる。パイロットがフライト前のチェックリストを持っていないとしたらどうなるだろうか。当てもなく機内を見回し、測定機器をランダムにチェックし、データ処理能力を気を散らす無意味なもので埋め尽くし、乗客の安全を維持するという最も重要なことを見逃すことになる。
　システムを重視すれば安心感が得られる。その安心感は、情報過多から発生する恐怖、すべての情報を取り入れようとし、揚げ句の果て疲れ果ててしまい、あるいはできるだけ多くの選択肢を得ようとする

ことで間違った意思決定をしてしまう恐怖を克服するのに大いに役立つ。システムは明瞭さと集中力を与えてくれるものだ。システムは、情報過多や意思決定疲れによって間違った選択をすることを回避させてくれるものなのである。

第7章
フィルター3 —— ROIC
Filter 3 : Return on Invested Capital

ヤコビの逆転の発想 —— COC（資本コスト）を下回るROC（資本利益率）を生みだす特技をもった業界や会社を見つけて投資したい。これは株主利益を蝕むため、長い目で見れば投資で損をする確率は高まる。

　これを逆から考えてみよう。投資利益を増やしたければ、今現在、COCを上回るROCを生みだしているだけでなく、この先10年にわたってCOCを上回るROCを生みだす可能性のある業界や会社を見つければよいということになる。
　このフィルターをパスするには、COC以上に稼ぎ、最低ROIC（投下資本利益率）を達成する必要がある。私が興味があるのは、現在のCOCを上回るROICを生みだす会社を見つけることである。さらに長期的なROICを調べ、10年にわたってCOCを上回るROICを達成できるような能力を持った会社であるかどうかを確認する。
　ROICは、投資家がその会社に投資した資本に対して何％のリターンが得られるかを意味しており、直感的に理解しやすい。しかし、それはCOCと比較しなければ意味をなさない。その会社のROICが12％で、COCが10％だった場合、経済的価値が生まれる。しかし、COCが9％で、ROICが7％だったら、投資した1ドルは投資家の要求す

る利回りを下回る利益しか上げないので、経済的価値は生まれない。この評価プロセスは、投資銀行家やほかの企業評価者たちの間では、「経済的付加価値アプローチ」（EVA）と呼ばれている。

　ROIC＞COC＝3番目のフィルターは合格。フィルター4に進め。

　ROIC＜COC＝3番目のフィルターは不合格。だから、この会社には投資するな。

　ROICをスクリーンの1つとしてどう使っていれば、ワールドコムで全財産を失うことを防げたのだろうか。ワールドコムの破綻までの3年間のROICはどれくらいだったのだろうか。
　グレッチェン・モーゲンソンはニューヨーク・タイムズにワールドコムを次のように書いている。

>　ROICがCOCを下回った極端な例が、2002年に破綻した大手通信事業会社のワールドコムである。ジェームズ・L・グラントの著書『EVAの基礎』（東洋経済新報社）によれば、1993年から2000年までのワールドコムのROICは2.23％から最高の9.5％の間の数値だった。しかし、この間のCOCは10％を超えていた。そしてこの期間のほとんどにおいて、ワールドコムの株価は上昇していた。
>　ワールドコムは3番目のフィルターを通過できなかった。ここでのメッセージは明らかだ――株価は実際の経済価値を必ずしも反映するわけではない。バン・クリーフはこの種の会社を「バリュー神話」と呼ぶ。表面的には株主に対して利益を生みだしているように見えるが、プラントや設備、買収などへの投資に対してマイナスのリターンしか生みだしていないからだ（グレッチェ

ン・モーゲンソンの「When the Stock Price Hides Trouble」を参照。ニューヨーク・タイムズ、2013年10月12日。http://www.nytimes.com/2013/10/13/business/when-the-stock-price-hides-trouble.html?_r=0)。

『ジャーナル・オブ・フォレンシック・アカウンティング』は2004年に「Lessons for Auditors : Quantitative and Qualitative Red Flags」と題する記事を掲載した。その記事では、株価がバリューの間違ったメッセージをどう伝え、ROICが何かがおかしいことを示す明確なインディケーターであることを示す例としてワールドコムとエンロンが挙げられていた。

両社が内部崩壊する前にその兆しはすでにあった。この雑誌によれば、エンロンとワールドコムのROA（総資産利益率）はそれぞれ1.49％と1.33％だったのに対して、業界のベンチマークは8〜12％だった。また、両社のROE（自己資本利益率）はそれぞれ8.54％と2.39％だったのに対して、業界のベンチマークは9〜16％だった。

しかし、最も特筆すべきことは、両社のROICがCOCに比べて低かったことである。両社のROICは7％だったのに対して、COCは12％だった。つまり、稼ぎ出す利益よりも借り入れコストのほうが大きかったわけである。みんなこのことに気づくべきだった。

ROIC＜COC＝フィルターをパスしないので、投資してはならない。これを覚えておこう。私たちが興味のある会社は、株主利益が増加しているような会社だけである。

今の時代、有名なCEO（最高経営責任者）がたくさんいる。毎日、新たな回想録が出版され、テレビでは特番が組まれ、だれもが新しいCEOの名前を口にする。でも、新しいことなど何もないのだ。20世紀初頭を振り返ってみると、ロックフェラー、チェース、フォードはベーブ・ルースやチャーリー・チャプリンと同じくらい有名な名前だ

った。1980年代はリー・アイアコッカの時代で、1990年代はジャック・ウェルチやビル・ゲイツ、そして2000年代はスティーブ・ジョブズの時代だった。今最も輝いているのは、マーク・ザッカーバーグとジェフ・ベゾスだ。

　ビジネスにはいつの時代も有名人と金持ちがいる。ビジョンを持ったロックスター、革新家、起業家、リーダーがいる。私たちはこういった人々を尊敬し、崇め、愛し、嫌悪する。しかし、私たちは有名なCEOの人格とマネジメントを混同することが多い。ビジョンはリーダーと同じものではない。革新は良い意思決定と同じものではないのだ。

　私は、投資するときには一般大衆の投資行動からは距離を置く。それと同じように、会社がいかにうまく経営されているかを評価するときには、有名なCEOに惑わされることはない。こうした混同は典型的な投資の落とし穴に自ら入っていくようなものである。つまり、群れの行動バイアスに陥るということである。52週安値戦略の投資家が嫌うものの1つは、群れることである。彼らはほかの人が見つけられないような機会を探し、成長可能性の大きな、過小評価されている会社に投資する。熱狂の渦中にいるときにはこういったことは不可能だ。有名なCEOのことを熱狂的に語っているような人が投資する会社はロデオのようなものだ。

　会社の経営状態はどんなときにも重要だが、52週安値戦略のような戦略に従っているときは特に重要だ。バリュー戦略では過去の長期にわたる業績と成長のためのしっかりした基盤があるかどうかを見ることが重要になる。そのなかでも会社の経営状態は最も重要だ。会社の経営状態を見るときには、製品をいかに効率的に生産しているかや提供するものがいかに斬新かだけを見るのではなくて、リターンを生みだすために会社がお金をいかに効率的に投資しているかを見ることも重要だ。

第7章 フィルター3──ROIC

　ウォーレン・バフェットやモーニングスターが定義しているように、ROICは、企業が事業活動のために投じた資本に対して、本業でどれだけの利益を出せたかを測るものだ。パット・ドーシーは、ROICの価値を次のように説明している。

> 　最後に、2つの世界のベストな部分を統合したROICの話をしよう。ROICとは、その会社に投資したすべての資本（株主資本、負債など）に対する利益率を計算したものだ。ROAとは違って、この指標には負債も含まれているため、ROEのように借り入れの多い会社が利益を出しているように見えるといったひずみもない。また、この指標では利益を会社の金融的意思決定（負債対株主資本比率）によって生じる影響を取り除くような定義で用いることもある。したがって、会社の真の効率性を表す数値に非常に近い数値を得ることができる。ROICの計算方法にはいろいろあり、公式が複雑なので、ROAやROEのように簡単に計算することはできない。しかし、ROICは、ROEやROAと同じように解釈すべきである。つまり、高いリターンは低いリターンよりも好ましいということである（パット・ドーシー著**『千年投資の公理──売られ過ぎの優良企業を買う』**［パンローリング］を参照）。

ROICの公式は以下のとおりである。

NOPAT（税引後純営業利益）÷IC（投下資本）＝ROIC

　ROICはなぜ経営の質を判断する良い指標なのだろうか。それは、将来に対する洞察と抑制、良い意思決定を行い、お金を賢く使っている会社はそのお金を使ってもっとお金を生みだそうとしている会社であることを示すものだからである。これは強い競争の堀を示すインデ

ィケーターでもある。お金を賢く投資している会社は競争でも優位に立つことができる。彼らは自分たちの立ち位置を守り、競合他社の先頭に立ち競合他社を寄せ付けないような投資をすることができる。

ROICは、ROEとは違うことを認識するのは重要だ。ROEは、株主が投資したお金でその会社が稼ぎ出す利益を意味する。公式は以下のとおりである。

ROE＝純利益÷株主資本

ROICは完璧なものではないが、ROEよりも会社の経営状態をはるかによく示すインディケーターだ。52週安値戦略の意思決定をするときに私がROICを使うのはこのためだ。これまでに、私たちはすでに高い競争の堀を維持できる強い経済を持つ会社を選別し、フリーキャッシュフローを計算して、投資リスクに値する会社も選別した。ROICは業界や投資状況を理解するだけでなく、会社の基本的な健全性を理解するのにも役立つものだ。

ウォーレン・バフェットは株主に向けた1992年のレターでROICの重要性を次のように述べている。

> 価格の問題はさておき、所有するのにベストな会社は、多額の資本を徐々に増やしながら投資し、高いリターンを上げている会社だ。逆に、所有するのに最悪の会社は、これとは逆の会社である。つまり、多額の資本を徐々に増やしながら投資してはいるものの、リターンが非常に低い会社である。

バフェットは1998年のバークシャー・ハサウェイの年次総会でROICの重要性に対する彼の考えを次のように強調して述べている――「投下資本に対するリターンが20％から25％の会社に投資して

いるのなら、時間はあなたの友だちであり、リターンが低い会社に投資しているのなら、時間はあなたの敵である」。

つまり彼が言わんとしていたことは、長期にわたって価値を生みだす会社は、多額の資本を徐々に増やしながら投資し、それに見合う、あるいは見合わないほど大きなリターンを上げている会社だということである。ROICの低い会社は、多くの資本を投資しているが、それに対する利益が非常に少ない会社である。

ROICは比較的簡単な概念だが、単なる財務業績よりももっと多くのことを教えてくれる。ROICは経営の一貫性と良い意思決定をしているかどうかのインディケーターなのである。しかし、会社の業績が将来的にどうなるかを知るためには、ROICは単年の数値としてではなく、トレンドで見ることが重要だ。この点から言えば、ROICは、戦略やリーダーシップのように定量化できない特徴を知るために会社を数学的に測定する判断ツールでもある。

複雑な指標

しかし、会社のROICを計算するのはそれほど簡単ではない。これは単純計算で計算できるものではなく、入力量を理解するのにも多くの判断が必要になる。1つには、1カ月、1四半期、あるいは1年だけの業績を抜き出して、会社が資本をいかに効率的に投資しているかを理解することはできないということが挙げられる。私は会社のROICを見るときには、経営が効率的に行われ、COCを上回るリターンを上げてきたことを確認するために10年のスパンで見ることにしている。

2つには、ROICを計算するのに必要な報告された数値は標準的ではないことが挙げられる。ただ単にバランスシートを見ただけではROICを知ることはできない。ROICは一種のアートなのである。詳し

くはこのあと見ていくが、判断が必要になる。でも今のところは、前述のROICの公式を詳しく見ていくことにしよう。

ROIC = NOPAT ÷ IC

NOPATもICも標準的な指標ではないため、これらを算出するのは難しい。そこで必要になるのが判断である。分子のNOPATはきわめて簡単だ。でも、もう少し詳しく見ていこう。

モーニングスターは教育教材のなかでROICを次のように説明している（http://news.morningstar.com/classroom2/course.asp?docID=145095&page=9 を参照）。

> 分子のNOPATは標準的な指標ではないことに注意しよう。つまり、標準的な財務諸表を見てもこんな項目は見つからないということである。これは自分で計算しなければならない。「税引後純営業利益」はその名のとおりで、純利益から支払利息を引いたものである。このように計算するのは、会社の資本構造を考慮しないときに利益がどうなるのかを知るためだ。

NOPAT＝営業利益×（1－税率）

ICも財務諸表には出てこない。これは、資本支出を細分化して、どれが投資で、どれが事業を行うためのコストなのかを決めるのは難しいからというのも1つの理由だ。モーニングスターはICを次のように説明している。

> 分母のIC（投下資本）もまた標準的な指標ではなく、財務諸表には出てこない。ICとは、会社を運営するのにどれくらいの資

本が必要かを表すものであり、次のように定義される。

IC＝総資産－超過キャッシュ－無利子流動負債

　モーニングスターは、買掛金のような無利子流動負債の例を挙げている。使ったお金は投資したお金とは違う。請求書の支払いは投資ではなく、お金を生みださない債務である。繰延収益や繰延税金も無利子流動負債に含まれる。何がICで何が支出なのかを決めるには多くの判断が必要になる。

　私たちが知りたいのは、会社のROICの強さである。モーニングスターによれば、何年にもわたり、COCを上回る15％を超える強いROICは、経営状態の良さを示す強い堀を表している。一般大衆の浮かれ騒ぎはさておき、この種の経営状態の良さは、名声というよりも成熟度を示すサインであることが多い。モーニングスターの15％の閾値を下回り、COCも下回る弱いROICは、次のようなものを示すインディケーターになる。

●不安定な経営
●弱い経済的な堀（競争優位性が弱いため、長期的な成長は望み薄）
●リターンを蝕む負債

　ROICの計算方法とそれに伴う判断を理解できたところで、ROICを使うことでほかの投資家の考えが及ばないような機会をどうやって見つけることができるのか、そしてROICは長期的に見ることがなぜ重要なのかを考えてみたいと思う。

時計の針を巻き戻してみよう

　市場が崩壊した2008年に戻ろう。それは大きな不確実性の時代だった。当時、市場のボラティリティが非常に高かったことは、いまさら言うまでもないだろう（潰瘍を引き起こすようなことを思い出させて申し訳ない）。来る日も来る日もダウは100ドルを超える値幅のスイングで大きく上下動した。アメリカの経済船は、景気回復にはほど遠く、市場を取り巻く荒波にもまれているように見えた。

　これは投資家にとって大きな危機であると同時に、機会でもあった。問題は２つあった。ビッグ３のうち２社はぐらつき、政府支援を受けるための再建計画を議会に提出しなければならなかったことと、抵当市場が壊滅状態にあったことだ。救済措置と財政政策が新聞各紙をにぎわした。しかし、この不確実性のなかで、ひときわ突出した企業がいくつかあった。アップル、アマゾン、グーグルなどだ。

　シリコンバレーを最後の希望のよりどころとするサークルもあった。そしておそらくは、きらきら光る銀河のなかで最も輝いていた星は、グーグルだった。この検索エンジンの巨人は何でも可能と言わんばかりだった。グーグルは検索においてはリーダー的存在だったため、この会社が何も発明していないことは忘れられがちだ。

　グーグルが台頭する前は、別の検索会社が世界を牛耳っていた。ヤフーだ。ヤフーはかつては検索の代名詞だった。グーグルが新規株式公開（IPO）するずっと以前、ヤフーを検索の巨人と信じる投資家がいた。

　今では検索はすべて同じではないことを指摘しておくべきだろう。検索エンジンは、検索語と、世界中の巨大サーバー群の上に存在するファイル内のマッチする言葉を結びつけるアルゴリズムによって動いている。1秒の数分の1で、これらのファイルがデータベースに登録され、最初のキーワードに関連のある順序で検索サイトに表示される。

アルゴリズムには良し悪しがある。データベースへの登録を得意とするテクノロジーもある。本書はテクノロジーの本ではなく、マネジメントについての本なので、技術的な話はこれくらいにしておこう。

グーグルもヤフーも、インターネットを通じて情報に簡単にアクセスできるようにするサービスを提供している。しかし、両社のストーリー、特にROICというレンズを通してみたときのストーリーは似て非なるものである。

ヤフーから見ていくことにしよう。1998年に株式公開したとき、ヤフーのROICは予想どおり低かった。操業を始めたばかりの会社はROICを叩きだすのに苦労する。モデルはまだ成熟しておらず、利益も出ていないからだ。シーキングアルファ（シーキングアルファ [The Curious Investorブログ] の「Using ROIC to Find Stocks with Great Management」2009年2月10日を参照。http://seekingalpha.com/article/119602-using-roic-to-find-stocks-with-great-management-autozone-yahoo-google）によれば、1998年のヤフーのROICはマイナスだった。つまり、投資したお金に対して利益はマイナスだったということである。

これ自体はそれほど心配するほどのことではない。心配なのはトレンドがまったく逆転しないことであり、これにはヤフーの経営が大きく関与している。

> ヤフーが新規株式公開したのは、まだ利益が出る前で成長段階にあるときだった。ヤフーは業界での地位を固めるために、規模拡大を狙って、いろいろな会社を買収した。使われたROICは、1つの期間の終わりのバランスシート上の直近12カ月の純利益と負債および株主資本に基づいているため、これは必然的に過去の数値になる。このように、初期の成長過程にある会社の場合、ROICは最初は低いが、ICが利益を生みだすようになればROIC

は上昇する。しかし、問題はヤフーが継続的にROICを10％以上に維持できないことだった。リターンが10％を超える魅力的な投資機会が多く存在することを考えると、純利益を再投資し続けても低い利益しか上げられないヤフーに投資したいと思うはずはない。

シーキングアルファのケーススタディーによれば、ヤフーのROICは2005年に最高の20％に達したが、IPOから2008年の決算報告までの10年間、ROICがかろうじて10％に達したのは2回しかなかった。

一方、グーグルはまったく異なる道を歩んだ。グーグルはIPOに先立つ2002年、すでに利益を出していた。したがって、ほかの新興企業とは違って勢いよくスタートすることができた。2002年のグーグルのROICはおよそ55％だった。トレンドに焦点を当てて見てみよう。2002年から2008年にかけてのグーグルの最悪の年のROICは、ヤフーの2番目にベストな年のROICよりも高かった。2004年、IPOに伴い自己資本が増加すると、予想どおりROICは低下したが、グーグルはその存続期間のほとんどにおいて、平均ROICは15〜18％を超えている。

ROICの数字は、株価との関連では炭鉱でのカナリアの役目をする。ワールドコムやエンロンのときもそうだった。再びシーキングアルファの話を聞いてみよう。

1998年から2008年まで、ヤフーの株には大きな成長を見込んだ投資家たちが殺到した。しかし、ヤフーが公開企業になってからの最初の4年間で5％を上回るROICを実現できないことが分かると、この熱狂はしぼんでいった。ヤフーの努力によって2003年から2005年にかけて利益はプラスに転じたものの、これは長続きせず、タイミングの悪い買収や戦略的構想への投資によって大失敗する。そして2003年から2008年にかけて、ROICはCOCを上回る

ことがなく、株価は下がっていった。年間所得を株主に配分し、株主がそのお金をほかの投資に再配分したほうが良かったかもしれない。

ヤフーの経営陣は再三にわたって悪い意思決定をし、利益をもたらさない賭けに興じた。彼らは株主に対して真の価値をもたらすことができず、かつてはインターネットの巨人として将来を嘱望された会社はこうして水面下に沈んだ。
「年間所得を株主に配分し、株主がそのお金をほかの投資に再配分したほうが良かったかもしれない」というところをもう一度見てみよう。
これは、株主に代わって資本を投資するのを経営陣に任せるべきではなく、投資家がより良い意思決定ができるように株主にお金を返すべきだということである。これは理解しがたい概念かもしれないが、ほとんど第1日目から急上昇したグーグルの株価と非常に対照的だ。

グーグルは、IPOから得た資金とビジネスから得られた利益によって、IPO以来毎年15〜18％のROICを上げ続けた。ヤフー同様、グーグルも配当を支払ったことはない。つまり、株主は利益の再投資を経営陣に任せることを選んだわけである。しかし、グーグルは実績を上げ、株価は創業時から毎年31％のペースで上昇している。しかし、会社がICに対して生みだすリターンよりも、株価のほうが速いペースで上昇しているのは注目に値する。これは懸念すべきサインなのだろうか。ヤフーとグーグルのいずれのケースでも、ROICが一定のペースを維持しているのに対して、株価は急上昇しているが、期待が適度に落ち着けば、市場は自然と修正してくるのが一般的だ。

グーグルは毎年プラスのROICを生みだす能力があることを示すことで、株価は上昇した。株価の上昇は、会社がこの先も良い意思決定をしてくれるだろうことに対する投資家の信頼を反映したものだ。信頼が増せば、株価は上昇し、リターンも上昇する。グーグルはこうしてヤフーに対する競争優位性を高めていった。お金が増えるということは、より多くの革新がなされ、提供するものは洗練され、新たなプログラムを探求する自由と物的資源および収益も増加することを意味する。

　2006年に投資し、2005年のROICだけを見れば、ヤフーのROICは20％で、グーグルのROICは15％だったので、ヤフーのほうが良いと思ったはずだ。しかし、ヤフーに投資すればひどいことになっていたはずだ。ヤフーの2006年のROICは5％を若干上回る程度に低下し、次の2年間も下がり続けたからだ。ROICはトレンドで見ることが重要なのはこのためだ。

　ROICは良い意思決定をしているかどうかを見るための指標である。一時的にではなく、長期にわたってプラスのROICを生みださなければ意味がないのである。良い経営とは、有名であるかどうかではなく、一貫性があるかどうかである。そして、その一貫性こそが、効率的に運営され過小評価されている良い会社と、有名だが業績のよくない会社とを分けるものなのである。

　マイケル・ポーターはハーバード・ビジネス・レビュー誌のために書いた最新の白書で、会社の業績を評価するときのROICの重要性を次のように簡潔に述べている。

　　売上利益率や利益成長率では、その業界で競争するのに必要な資本については何も分からない。私たちがROICを計算するときには、税引き後の利益（NOPAT）を、投下資本（IC）で割って算出する。こうすれば、さまざまな会社や業界の資本構造と税率

の独特の違いを調整できる（マイケル・ポーターの「The Five Competitive Forces That Shape Strategy」を参照。『ハーバードビジネスレビュー』2008年1月）。

つまり、ROICはウソをつかないということである。ワールドコムやエンロンなどの巨大企業は株価の高さで投資家をだましたが、両社のROICを見ると、市場を崩壊に導き、人々の貯金を消失させ、投資の世界に消えない傷を残す警告サインはすでに出ていたわけである。ROICは会社の真の価値を物語るストーリーなのである。雑誌のカバーストーリーではなく、上昇する株価の魅力的な話でもなく、投資に対して正しい意思決定を下し、長期的な価値を生みだす会社の能力を示す、真のストーリーがROICなのである。

ROICと52週安値戦略のほかの4つのフィルターを組み合わせれば、伝説の人物であるウォーレン・バフェットの「投資の法則その1」に従うことができる。「投資の法則その2」とは？　それは「投資の法則その1」を忘れないことである。そのためには、潜在的投資を2つのグループに分ける必要がある——「投資の法則その1」を破るリスクを高める会社と、そのリスクを下げる見込みのある会社。これが52週安値戦略の目指すものだ。ROICは意思決定の唯一の要素ではないにしても、これを理解することはきわめて重要だ。

第8章
今回だけは違うということはない
This Time Is Never Different

ヤコビの逆転の発想 —— 今日の市場のリスクとリターンは過去のものとは違うと思う。太陽の下には常に新しいものが存在し、過去を学習しても、現時点の情報に基づいて意思決定するのには何の役にも立たない。

　これはバカげたことのように思えるかもしれないが、残念ながら、多くの投資家は、今市場で起こっていることはまったく新しいことで、前例のないことだと思いがちだ。しかし、金融の歴史を振り返れば、過去のバブルとバブルの崩壊との間には多くの共通点を見つけることができる。
　2011年5月のGMO白書で、ジェームズ・モンティエは「Seven Immutable Laws of Investing」と題する論文を発表した。これらの7つの原理は、長期的な利益に結びつく投資家の行動の基本とも呼べるものだ。

1．常に安全域を重視せよ
2．今回だけは違うということはない
3．辛抱強く、打ちごろの球を待て
4．逆張りで行け

5．リスクとは数字ではなく、永久なる資本喪失のことを言う
6．レバレッジは疑ってかかれ
7．理解できないものに投資するな

　どれも素晴らしいアドバイスだが、特に素晴らしいのは2番目の「今回だけは違うということはない」である。ジョン・テンプルトン卿がよく言っていた「今回だけは違う」という言葉は投資において最も危険な言葉である、とモンティエは言う。モンティエの言葉はまさに的を射た言葉だ。歴史が繰り返すこと、つまり、市場が膨張してバブルが発生し、やがては崩壊することを知るのに、それほど過去にさかのぼる必要はない。新たなバブルは過去のものとは少し違って見えるから過去のものとは違うというのは幻想でしかない。歴史は良くも悪くも繰り返すのである。

　不動産バブルとその崩壊と、ドットコムバブルとその崩壊はどう違うのだろうか。どちらのケースも、投資家は合理的に行動することはなく、利益を出していないドットコム株を買うことを正当化した。不動産価格は、「今回は違う。神は、あなたが感じ、触れ、住み、築くことができるだけの土地をこの世界に作った」という社会通念どおりに、驚くべきペースで上昇していた。土地の使用に関してはこれは正しいかもしれないが、合理的に説明できないのは、不動産価格が不合理に活況を呈したことだった。

　世界中がインターネットバブルに浮かれ、カリフォルニアの不動産が毎年3倍に跳ね上がっていたとき、私たちは次に何が起こるのかを知るべきだった。私たちはそれが近づいていることは分かっていたはずだが、それを見ようとしなかった。たとえ見たとしても、それを認めようとしなかった。バブルとその崩壊ほど「今回だけは違うということはない」ことをよく物語っているものはないだろう。歴史は繰り返すことを知っていれば安心感が得られる。これは規律を持った人々

にのみ見えるものだ。これは「価値」という言葉のなかでのみ定義できるものである。

バブル同様、価値も変わることはない。価値と価値に基づく投資戦略は、おとぎ話に出てくるカメであり、バブルはウサギだ。バリュー投資とは、過小評価され、人が見向きもしないような会社を見つけ、期限を決めてそれに投資し、期限が来たら売り、このプロセスを繰り返すことを意味する。一夜にして億万長者になることはないかもしれないが、損をすることもない。長期にわたって一定のリターンを得ることができる。バブルが崩壊し、道端で寝ている間に、あなたはそれを通り越してレースに勝つことができる。

ドットコムバブルのときに、本質的価値、あるいは内在価値のない会社の株価が出発ゲートを飛び出すウサギのように急騰しているとき、ウォーレン・バフェットのような人々はバリュー投資を自分のペースで行っていた。一般大衆やメディアが繁栄の新時代の到来を声高に唱え、バリューの死を宣言しているときでも、バリュー投資家たちは一定のペースで歩き続け、バブルが崩壊すると、脱落したウサギを横目で見ながら追い抜いていった。

テンプルトンやモンティエは「今回だけは違うということはない」というフレーズを警告と見るかもしれないが、私はそれを機会と見る。今回だけは違うということはないのである。価値は変わることはなく、レースに勝つのはバリューに従う規律を持ったカメなのである。

「悪いことが再び起こることはないと考えることは投資戦略ではない。過ちに気づき、そこから学ぶことが大切だ」。これもモンティエが引用したテンプルトンの言葉である（ボブ・パークマンの「Consider These Words of Wisdom about Investing」2006年9月20日を参照。http://www.sirjohntempleton.org/articles/consider-these-words-of-wisdom-about-investing/）。

1999年、ウォーレン・バフェットは大損した。少なくとも、新聞や

雑誌はそう伝えた。その年、バークシャー・ハサウェイは投資家に対して1株利益があまり上がらなかったことを報告した。ドットコムブームに乗らなかったからだ。新鋭、やり手、デイトレーダーたちは、保守派の低迷ぶりを口々に噂した。バフェットの古いやり方は終わったと。それは動きの速いハイテク市場の時代だった。デジタル時代の市場は常に変化していた。

　バフェットは、これにどう反応したのだろうか。2000年のバークシャー・ハサウェイの株主に向けたレターで彼は次のように述べている。

　　投資と投機の境目は今までも明確にされたことはないが、市場参加者の多くが勝利を謳歌している今、その境目はもっとあいまいになっている。努力もしないで莫大なお金を手にすることができる今、合理性を口にする者などいない。このように興奮するような経験をしたあとは、分別のある者でも晩餐会のシンデレラのような行動に陥ってしまうものだ。お祭り騒ぎに長居することは、つまり、将来的に生みだすキャッシュよりも格段に高い評価を得た企業に投機し続けることは、結局はカボチャとネズミに変わってしまうことを彼らはよく知っている。しかし、素晴らしいパーティーを一瞬たりとも見逃すことはできないと思ってしまうのだ。それで浅はかな参加者は12時直前にパーティーを去ろうと考える。しかし、そこには問題があった。彼らが踊っている部屋の時計には針がなかったのである。

　そして2001年、バブルが崩壊し、価値を伴わない巨額の利益を疑問に思っていたバフェットの懐疑心は正しかったことが証明されると、彼は、私はそう言ったはずだ、と言った（ウォーレン・バフェットの「I Told You So」BBCニュース、2001年3月13日を参照。http://news.bbc.co.uk/2/hi/business/1217716.stm）。常に本質的価値に注目

し、辛抱強い投資家は、あとで見れば正しい側にいたことを発見することが多いということである。バブルが発生すると、それは必ず崩壊する。バブルはいつも新しく、より巧妙な形でやってくる。本質的価値に注目することが時代遅れだと言われる時代は常に存在する。重要なのは、あなたの耳を繰り返す歴史のリズムを認識できるように鍛え、バブルの崩壊を大きな機会としてとらえることである。

　あるいは、バフェットがかつて言ったように、「市場の変化をあなたの敵としてではなく、友と見ることだ。それには参加せずに、それに参加した愚か者から利益を盗み取ることが重要なのだ」。

第9章
フィルター４──長期負債対フリーキャッシュフロー比率
Filter 4 : Long-Term Debt to Free Cash Flow Ratio

ヤコビの逆転の発想──不景気のときに、競争力を維持できず、破綻してしまうような会社を見つけたい。結局、好景気のときに借り入れによって成果を出せばよいのであって、不景気のときのことなど考えたくない。

　こうした極端な思考は、会社のバランスシートに目を光らせることが重要であることを認識させてくれる。不景気はどんな企業にも「必ず訪れる」ものだ。問題は「いつ起こるか」である。借り入れは良くも悪くもビジネスの成果を拡大させる。最も重要なのは、不景気のときに備えて計画することである。
　ブルース・バーコウィッツは、株を買う前に最善を尽くして会社を調べ尽くす。彼があらゆる種類の景気後退を見つけだし、景気後退が起こったときに、株を買おうと思っている会社は生き残ることができるかを見極めることができるのは、彼のこのプロセスによるものだ。
　「会社を見て、キャッシュを数え、その会社を調べ尽くす」と彼は書いている。「その会社にとって不都合なことはないかを時間をかけてじっくり調べるのである……私たちはあらゆる手段を使って、その会社について素晴らしいと思っていることを反証していく。もし反証できなければ、重大な発見につながる情報を手に入れたことに

なる」(ジェームズ・モンティエ著『The Little Book of Behavioral Investing』の「Kill the Company」で引用されている)。

　「まさかのときのために備えて貯金せよ」という古い諺がある。最悪のときに備え、最善の結果を期待せよ、ということである。買えないものを買ってはならない。身のほどに応じた生活をすることが重要だ。

　これは良いアドバイスでもある。お父さんやおばあさんに聞いたからではなく、人生とお金の基本的な事実を教えてくれるものだからだ——悪いときは必ずある、だからそれに備えなければならない。失業するかもしれないし、ケガをするかもしれないし、休職を余儀なくされるかもしれない。十分な現金を貯金しておかなければならない理由はたくさんある。何かあったとき、請求書を支払ったり、ローンを支払ったり、生活費に充てたりすることができるようにしておかなければならないのだ。

　貯金は大事だ。しかし、あなたが稼ぐお金(給料など)と生活していくために必要な負債との関係を理解することも大事だ。この関係を無視したときに被った損害を知るのに、それほど過去にさかのぼる必要はない。2008年に発生したサブプライム住宅ローン危機は、人々が借り入れをしすぎたことが原因で、揚げ句の果てに苦境に陥った。貯金がほとんどなく、月々のローンを支払うのに十分な収入もなかったため、何十万という人々が家を失った。すでに弱体化していた貸借システムは混乱に陥り、その余波は何年にもわたって続いた。

　これは資産管理の基礎であり、高校時代に学んでおくべき教訓だ。しかし、資産管理の意思決定の指針となる原理は、ダウンサイドリスクから私たちを守ってくれる良い会社と、急成長し一時的に成功しているがやがては衰退する会社とを区別する原理と同じである。

　長期負債対フリーキャッシュフロー比率は、業績悪化を乗り切り繁栄していく能力があるかどうかを示すインディケーターだ。借金の多

い会社、つまり長期負債が年間フリーキャッシュフロー（FCF）の数年分を上回る会社は、業績が悪化すると債務を返済することができなくなる。こうした種類の会社は、表面上は論理的な投資家が避けるような会社だ。しかし、彼らはそういった会社を本当に避けているのだろうか。

　「The Case for Quality -- The Danger of Junk」と題する2004年のGMO白書では、借金の多い会社について投資家が意思決定する方法を、カジノに行ったり、宝くじを買うことに例えている。

>　合理的な投資家は、高いリスクが想定されるときは、高いリターンを求めるはずだ。この関係は資産クラスレベルにおいても成り立つが、驚くべきことに、個別銘柄レベルでも成り立つ。投資家はリスクの高い銘柄にはお金をたくさん払いすぎ、リスクの低い銘柄にはあまりお金を払わないように思える。この低リスクでハイリターンのパターンは小型株でも大型株でも存在し、世界規模のエクイティーマーケットでも同じように存在する。
>　私たちを取り巻く世界を見回すと、投資家がリスクの高い銘柄にお金を払いすぎる状況証拠がわんさかある。例えば、人々がリスク回避的なら、なぜカジノは存在し、宝くじは売れるのだろうか。いずれの場合も、「投資」に対する期待リターンはマイナスだ。しかし、いずれのビジネスも流行っている。

　合理的な人々がなぜカジノに行ったり、宝くじを買ったりするのだろうか。答えは簡単だ。カジノに行ったり、宝くじを買ったりするのと合理性とは無関係だからである。これは「一発当たれば万事うまくいく」メンタリティーだ。心の底ではだれも自分は当たりくじを引く特別な人間、大当たりする特別な人間だと思っている。統計学的に言えば、宝くじが当選する確率よりも、雷に撃たれる確率のほうが高い

のだが、キオスクの上に掲示された宝くじの一等賞金の大きさを見るとそんなことは忘れてしまう。

　しかし、宝くじもカジノも、理性を使わずについ引き込まれてしまう私たちを守ってくれる要素が1つある。こういった状況においては、だれもが理論的には同じお金を払ってプレーする。宝くじは買う人が増えても値段が高くなることはない。テーブルに何人座っていようと、参加料と最低賭け額は同じである。しかし市場でリスクをとるときはこういうわけにはいかない。大きな利益を狙う大きな目をした者が株を買い始めると、価格はどんどん上昇し、市場は膨張する。次に起こることはもうご存知のように、人々が群れをなして、過大評価されて勝つ見込みのない株に途方もない大金を支払う。

　しかし、ロジックとルールに従って投資の選択をすれば、こういったことは回避できる。宝くじの当選確率を見たら、歩き去ることだ。ラスベガスのカジノの大きさを見て、こうした巨大な施設はカジノの勝者によって構築されたのではないことを理解したら、カジノをやらずにショーを見にいこう。借り入れが少ない良い会社を見つけるためのプロセスを持ち、リスクの低い株には大金を支払わない大衆とは距離を置くことが重要だ。

　52週安値戦略の4番目のフィルターは、事業の悪化に備えている会社を見つけ、回復期を乗り切れないような会社を回避するのを手助けしてくれるものだ。

　負債については、私はタカ派だ。本書で思想的リーダーとしてたびたび登場するウォーレン・バフェットは企業の長期負債対純利益比率を事業主の視点で見る。例えば、彼が会社を丸ごと買うとした場合、キャッシュ、利益、負債などすべてひっくるめて、長期債務を5年以内にキャッシュと経常利益で支払えるかどうかを見るということである（ダリル・デーテ・シャッパールの「3 Things Warren Buffett Looks for in a Company before Buying」。『モトリー・フール』

2013年10月22日を参照。http://www.fool.com.au/2013/10/22/3-things-warren-buffett-looks-for-in-a-company-before-buying/）。この５年の閾値はメアリー・バフェットとデビッド・クラークの『**麗しのバフェット銘柄**』（パンローリング）の「株式投資に関する10のチェック項目」という章にも出てくる――「長続きする競争優位性を持つ会社は、長期負債が当期純利益の５倍より少ないのが一般的だ」。これに関しては私はもう少しアグレッシブで、長期負債は３年以内に返済できなければならないとする。

　なぜか。私も投資対象の企業を見るとき事業主としてその企業を見るが、私は事業主ではない。私は実際に企業を丸ごと買うわけではないので、短期的視点で見るわけである。52週安値戦略の25企業は６カ月ごとに見直す。つまり、長期負債の短期的な影響力に焦点を当てるということである。買おうとしている会社は、株価は下がり、ウォール街の関心も低いが、バランスシートが健全で、次の６カ月にわたって今あるフリーキャッシュフローで事業を維持・拡大できるかどうかを見たいわけである。だから、私は長期的な借り入れを防ぐ点においては、バフェットよりもアグレッシブなのである。

　これで、株価が安く、借金まみれで、企業価値がどんどん下がり続けるような会社は避けることができる。「バリュートラップ」に陥ったり、「落ちるナイフを拾う」ような会社に投資することを避けることができるということである。バリュートラップとは、資産の損失が永遠に続く可能性が高いことを意味する（スティーブン・ペティーの「Value Traps and Investor Psychology」を参照。2011年12月20日の「American Century Investments」ブログより。https://americancenturyblog.com/wp-content/uploads/2011/12/IN-FLY-72572v2_Siebel.pdf）。

　本書でこれまで紹介してきたほかの指標は、フリーキャッシュフロー利回りやROIC（投下資本利益率）を複数年にわたって長期的に見

ることが求められるが、この指標は最後の報告書だけを見る短期的なものだ。私は、その会社が長年抱えてきた借金がどれくらいあるかということよりも、今の借金がどれくらいあるかに注目する。もしその会社がこのフィルターをパスすれば、ROICが常にCOC（資本コスト）を上回り、長続きする競争優位性を持ち、フリーキャッシュフロー利回りは安全域を持ち、株主利益を成長させる力を持つことが証明されたことになる。

トレンドが理解できたところで、次は機会について見ていくことにしよう。

長期負債対フリーキャッシュフロー比率の計算

ある程度の推測と思考を必要とするROICの計算とは違って、この指標の計算は簡単だ。

式は以下のとおりである。

長期総負債÷フリーキャッシュフロー
　　＝長期負債対フリーキャッシュフロー比率

この式から得られる数値は、フリーキャッシュフローが一定と仮定すると、今の負債を返済し終えるのにどれくらい（何年）かかるかを示している。数値が低いほど良い。

再びアイスクリーム屋のトラックの例を使ってこれの意味するところを見てみることにしよう。

トラックAはゲイリーが所有している。ゲイリーは10年近くこの商売をやってきた。最近、彼はトラックを改良するために若干の資本をつぎ込んだ。そのために彼は銀行から3000ドル借りた。収入は安定しており、彼の今のフリーキャッシュフローは1500ドルだ。

トラックBはサムが所有している。サムは最近になってこの商売を始めた。だから買わなければならないものも多かった。トラックにアイスクリーム、サービス用器具、コーンなどを買った。彼には3万5000ドルのビジネスローンがある。彼は広報活動が得意で、魅力的なアイスクリームを製造・販売している。彼はアイスクリームを大量に製造して、営業コストを下げている。彼のフリーキャッシュフロー（FCF）は3000ドルで、ゲイリーの2倍だ。

ゲイリーのトラックは小さいが、定評がある。サムのトラックは今街で最も人気がある。しかし、2人の事業はどう比較すればよいのだろうか。計算をしてみよう。

トラックA（ゲイリー）

長期負債　　　3000ドル
FCF　　　　　1500ドル

長期負債÷FCF＝3000ドル÷1500ドル＝2年

ゲイリーは負債を24カ月で返済できる。

トラックB（サム）

長期負債　　　3万5000ドル
FCF　　　　　　3000ドル

長期負債÷FCF＝3万5000ドル÷3000ドル＝11.66年

サムは借金を払い終えるまでに140カ月かかることになる。

サムのトラックは、ビジネスモデルという観点からは、差別化を図ることでゲイリーのトラックよりも長期的な価値を生みだすことがで

きるかもしれないが、投資家や52週安値戦略の信奉者としては、明確なビジョンが見えてこない。私たちは価値のある投資先を見つけたい。負債に関してはタカ派になることが重要だ。そうすることで、私たちの投資を短期的な破産から守ることができる。

こうした例は現実世界では起こりえないと思うかもしれない。しかし、本章でこのあと見ていくように、一見同じに思える競合が、負債を考えると対等とは程遠い状況にある場合が多々あることが分かってくるはずだ。

負債についての注意点

本章は、私が負債には反対であるかのような印象を与えるかもしれない。ある程度はそれは正しい。投資について賢明な選択をするとき、大きな負債は不安の種だ。しかし、私が投資家として負債をどう見るかと、CEO（最高経営責任者）が会社との関連で負債をどう見るかとは異なる。

負債は人生において必ず発生するものであり、ビジネスにおいてもそうである。負債は負の負債と、正の負債がある。正の負債 —— 例えば、住宅ローン —— は将来的な投資だが、コーヒーを買うのにクレジットカードを使い、それを放置したままにすれば利子がかさむので負の負債だ。

ビジネスにも同じことが言える。会社が製造能力を拡大するために、あるいはデータセキュリティーを最新化するために、お金を借りることは良いことだ。しかし、操業を続けるためだけにお金を借りるような会社は注意が必要で、無視すべきである。

あなたが前者のような会社の役員や従業員であれば、会社は規模を拡大しようとしているのだと信じる十分な理由になるが、後者のような会社で働いているのなら、新しい仕事先を探したほうがよいだろう。

しかし、本書は会社の従業員としてどう考え、行動すべきかについての本ではない。あなたは投資する会社で働くわけではないので、従業員のように問題を考えたり、反応する必要はない。ビジョンを持ったCEOのリーダーシップによって鼓舞されるわけでもなく、ゲームの流れを変える改革を考える必要もない。感情的になって批判する必要もない。冷静になって、あくまでデータを中心に考えることが重要だ。

　マズローの欲求段階説で有名な社会学者のアブラハム・マズローは、私たちが情報や状況に反応するとき、刺激と反応との間にはスペースがあると言っている。スペースとは、私たちが刺激を考慮し、どう反応するか戦略を立てる場所である。子供のころはこのスペースは小さく、私たちは本能、つまり３つの「Ｆ」によって反応する。３つの「Ｆ」とは、Fight（戦う）、Flight（逃げる）、Freeze（固まる）を意味する。例えば、

●刺激──剣歯を持ったトラがあなたを追いかけてくる
●スペース──ない
●反応──走って逃げる

といった具合だ。

　近代化によって考えるためのスペースは拡大したが、私たちはそれを利用していない。私たちは、ロジックよりも本能や感情によって行動することが多い。投資は、そのスペースをうまく活用するために、指導や構造を必要とする場所だ。負債のようなものに対して「おっしゃるとおり、でも……」といった反応を防ぐためには、心のフィルターとプロセスが必要なのである。例えば、次のような反応を考えてみよう。

●刺激──その会社は設備投資をするために20億ドル借りたが、

あまり効率的とは思えない。
- スペース —— でもこのCEOに対する自分の直観を信じている。
- 反応 —— おっしゃるとおり、でも彼らはガンを治すためにそうしているのだから、私はリスクをとるつもりだ。

これは、「おっしゃるとおり、でも……」の反応だ。

投資するときに本能を排除し、それを感情によらない健全なロジックと置き換えることを促すのが52週安値の公式の役割である。感情、感触、なかでも最悪なのはインスピレーションで、これらは判断を狂わせる。これらは私たちの論理的な判断力を弱める。

ちまたには魅力的で有名で、あるいはよく知られた会社がたくさんある。公式に当てはまるものもあれば、当てはまらないものもあるだろう。今は当てはまらなくても、将来的には当てはまる会社もあるだろう。インスピレーションで判断力を曇らせてはならない。バリューと結果を見て投資せよ。インスピレーションを受けたければ、あなたの信じる会社やCEOを見つけて、そこに就職すればよい。

インスピレーションによって判断力を鈍らされそうなフィルターのなかで、最もインスピレーションの影響を受けやすいのがこの4番目のフィルターだ。なぜなら、負債は簡単に正当化されてしまうからだ。負債を正当化してはならない。自分のプロセスに従い、自分のプログラムに従うことが重要だ。刺激と反応の間のこのスペースを使って、従業員や崇拝者としてではなく、投資家として考えなければならないことを肝に銘じよう。

長期負債対フリーキャッシュフロー比率の比較

同じ業界にいて、同じようなビジネスモデル、提供品、消費者意識を持つ会社はどう比較すればよいのだろうか。本節ではこれらの比較

について考えてみよう。ある会社は、長期負債対フリーキャッシュフロー比率からすれば有利な立場にある。どんな会社がそうなのだろうか。どうやって見極めればよいのだろうか。株価か、親密性か。答えを知るとあなたは驚くに違いない。

会社の経営状態を評価するときにはきちんと調査することがいかに重要かや、同じ業界の会社を比較するときと、まったく異なる業界の会社を比較するときにはデータはまったく違ってくることを、2013年12月からのフリーキャッシュフローと長期負債（S&P Capital IQ, 2013年12月12日現在）を使って示していきたいと思う。比較するのは、重機業界の会社と化粧品業界の会社だ。

比較1 —— 重機業界

カミンズとキャタピラー

カミンズ（CMI）とキャタピラー（CAT）は、大きくてパワフルな電動装置製造業界の会社だ。建設現場や建築現場のそばを車で通ると、カミンズやキャタピラーの製品を見かけるはずだ。キャタピラーの製品は黄色と黒のペイントが特徴的だ。またバックミラーに映る勢いよく飛ばしてくるセミラムのピックアップトラックのエンブレムを見ると、カミンズのエンジンを使った車だということが分かるはずだ。

キャタピラーのほうが馴染みのある名前だ。カミンズはそういうものに詳しい人にはよく知られた会社だが、一般には馴染みがない。こうしたことからすれば、キャタピラーのほうが長期負債は少ないと思うかもしれない。逃すかもしれない恐怖について書いた前の章を振り返ると、名声は好むと好まざるとにかかわらず、市場に影響を及ぼす。しかし、この場合、親密性が間違って解釈されている。これら2社を比較してみよう。

キャタピラーは収益の面からするとカミンズよりもはるかに大きな

会社だが、株価の評価にはいろいろな要素が絡んでくる。直近12カ月の収益とフリーキャッシュフロー（FCF）の比率は両社でほぼ同じである。

直近12カ月の収益
カミンズ　　　　　170.05億ドル
キャタピラー　　　573.2億ドル

直近12カ月のFCF
カミンズ　　　　　13.95億ドル
キャタピラー　　　49.21億ドル

収益とフリーキャッシュフローを比べると、キャタピラーはカミンズの3倍以上である。

次に、負債を見てみよう。両社は似たような設備を製造している。したがって、おそらくは似たような設備投資が必要になるはずだ。両社の収益対フリーキャッシュフロー比率は同じような数値である。しかし、キャタピラーのほうが収益は多い。したがって、私が投資すべき会社はキャタピラーということになる。これは正しいだろうか。

それは間違いだ。長期総負債を見てみると、なぜだか分かるはずだ。

長期負債
カミンズ　　　　　17.31億ドル
キャタピラー　　　260.15億ドル

長期負債は大きく異なる。それでは、計算をしてみよう。

カミンズ

17.31億ドル（負債）÷13.95億ドル（FCF）＝1.24年（15カ月未満）。したがって、カミンズが負債を全額返済しようと思ったら、短期間で返済することができる。

キャタピラー

260.15億ドル（負債）÷49.21億ドル（FCF）＝5.29年。したがって、キャタピラーが負債を全額返済しようと思ったら、5年以上かかる。

これからすると、カミンズのほうが不況を乗り越える力があるということになる。

比較2 —— 化粧品業界

ロレアルとレブロン

化粧品業界は巨大な業界だ。消費者の間では切り替えコストが高いという認識があるため、ほかの消費者包装品に比べると利ザヤは大きい。これはブランド信仰から来ている。試しに女性に化粧品のブランドを変えるように言ってみると、私の言っていることがよく分かるはずだ。ロレアル（LRLCY）とレブロン（REV）は何十年にもわたって広く普及し、世界のビューティー産業のなかで人気を不動のものにしてきた。

ロレアルは収益が229.8億ドルを上回り、2013年12月現在の時価総額は1042.5億ドルで、真の業界リーダーだ。レブロンも人気ブランドだが、収益はロレアルの数分の1で、時価総額はロレアルの1％で、業界2位に甘んじている。

もう結論は出ただろうか。カミンズとキャタピラーの例では、収益が多いことは必ずしも負債が少ないことを意味しないことは分かった

はずだ。この場合もレブロンのほうがロレアルよりも経営状態が良いということなのだろうか。それでは詳しく見てみよう。

直近12カ月のFCF
ロレアル　　　　35.7億ドル
レブロン　　　　6800万ドル

この例もカミンズとキャタピラーの例と同じならば、総負債を調べてみると、ロレアルはレブロンよりも多くの負債を抱え、総負債はトータルキャッシュを上回り、レブロンの負債は少ないということになる。この例もカミンズとキャタピラーの例と同じなのだろうか。

長期負債
ロレアル　　　　5640万ドル
レブロン　　　　12.28億ドル

計算してみよう。

ロレアル
5640万ドル（負債）÷35.7億ドル（FCF）＝0.016年（6日未満）。したがって、ロレアルが負債を返済しようと思えば、1週間もかからない。

レブロン
12.28億ドル（負債）÷6800万ドル（FCF）＝18.05年。したがって、レブロンが負債を返済するには、18年以上かかる。

フリーキャッシュフローと比較的少ない負債によって、ロレアルの

表9.1　競合各社の長期負債対フリーキャッシュフロー比率のほかの比較例＊

52週安値戦略の４番目のフィルターをパスした会社		52週安値戦略の４番目のフィルターをパスしない会社	
負債を３年以内に返済できる		**負債を返済するのに３年以上かかる**	
ウォルグリーンズ	1.45年	ライト・エイド	14.49年
カミンズ・エンジン	1.24年	ディア・アンド・カンパニー	24.55年
リッチー・ブラザーズ	2.85年	キャタピラー	5.29年
ジェネラル・ミルズ	2.66年	コパート	14.79年
イリノイ・ツール・ワークス	1.85年	コンアグラ	12.37年
シュルンベルジェ	2.06年	ジェネラル・エレクトリック	20.66年
ディズニー	1.96年	ベイカー・ヒューズ	5年
アドバンス・オート・パーツ	1.67年	タイム・ワーナー	5.55年
ロレアル	6日	オートゾーン	4.48年
ユニオン・パシフィック	2.76年	レブロン	18.06年
		ノーフォーク・サザン	10.74年

＊＝2013/12/12現在のS&PキャピタルIQより

ほうが優勢なのは明らかだ。ゴリアテとダビデの戦いでは、必ずしもゴリアテが負けるわけではないのである（**表9.1**）。

まとめ

　会社の負債を理解し、どれくらいの負債なら許容できるのか明確なルールを持つことは、あなたの短期投資を守り、潜在的価値を最大化するうえで重要だ。若いとき、まさかのときのために貯金しろと言われたように、いつ風向きが悪くなるのかは会社も業界も分からない。備えのある会社ほど、困難が生じてもそれを克服できる可能性は高い。

　従業員や崇拝者としてではなく、投資家として考えることが重要だ。インスピレーションや称賛、あるいは嫌悪や恐怖によって、フリーキャッシュフローで長期負債を賄えないような会社への投資を

正当化してはならない。負債に関してはタカ派の態度で臨むのがよい。投資家ならそれは可能だ。負債に対してタカ派的態度で臨めば、それはあなたの投資を必ず守ってくれる。

ケーススタディー４──バリューを考えるとき、誇大広告は信じるな

ヤコビの逆転の発想──投資の潜在的利益を最小化し、利益の成長を限定したいのなら、メディアや買い手の間ですでに人気のある会社のみを探せ。群れに従って、買い手よりも売り手の多い会社は避け、過大評価された株を多くのお金を払って買え。市場センチメント（市場心理）が負の会社は絶対に避け、ウォール街やメーンストリートのだれもが愛するような会社にのみ注目せよ。

　私が投資アプローチを開発するうえで影響を受けた人々のなかで、ハワード・マークスは特に重要な人物だ。投資に影響を及ぼすトレンドや社会的バイアスに関する彼の考えは、現状よりもより良い投資家になりたいと思っている人にとって特に重要だ。
　マークスは次のように述べている。

> ほとんどの投資家はトレンドフォロワーだが、優れた投資家はそのまったく逆を行く。優れた投資は、すでにお分かりかと思うが、二次レベルの思考を必要とする。つまり、他人と違うように考えよということである。より洞察力のあふれた考えを持てということである。当然ながら、一般大衆のほとんどはこれができない。したがって、大衆の判断では成功することはできない。トレンドや大多数の意見に従ってはならない。大衆のポートフォリオには近寄ってはならない。振り子が振れるように、市場がサイクルで動くように、成功するための鍵は逆をやることにある（ハワード・マークスの『投資で一番大切な20の教え──賢い投資家になるための隠れた常識』［日本経済新聞出版社］を参照）。

52週安値戦略のようなバリュー戦略を使う場合、早急に慣れなければならないことがいくつかある。こうしたことに慣れることで、バリュー機会を見つけることができ、価格を上昇させるような一般大衆と距離を置くこともできる。あなたが慣れなければならないことは以下のとおりである（慣れなければならない順に書いたわけではない）。

- データは意思決定ツールであって、センチメントや直観とは無関係だ。会社は報告書から隠れることはできない。データは、人気が高く、市場センチメントはよいが、数値が不安定な会社からは逃げよという合図になるときもあれば、センチメントが変化したとき、会社の真の価値を理解する手助けになることもある。
- 損失の追跡は役に立つ。詳しくはほかのケーススタディーで見ていくが、市場をアウトパフォームするには、人が見ないものを見る必要がある。人はパフォーマンスの悪い会社は見ないのが普通だ。バリュー投資家は、見捨てられた株の残骸を分解して、人が見落とした生命のサインを見つける。生命のサインと構造の健全性を見つけることこそがバリューを見つけることなのである。
- あなたは消費者ではなく、投資家であることを忘れてはならない。消費者は、自分たちの意見、友だちの意見、隣人たちの一般通念に基づいて意思決定する。消費者のサンプルサイズは非常に小さく、友だち仲間やあなたが属している文化に限定される。会社の真の価値について消費者はほとんど何も知らない。ライフスタイルではなく、本質的価値を見るのが投資家である。

　とりあえず本節の取っ掛かりとして3つの項目を挙げた。ここでは、市場が死んだものとして置き去りにされた3つの会社の例を見ていきたいと思う。これらの会社は、52週安値戦略を2012年10月に見直したときに買ったものだ。これらの会社は、規律を持ち、論理的でデータ

を中心にした投資アプローチがどんなものなのかを理解するうえで重要で、バイアスを克服して機会を見つけるのにも役立つはずだ。賢明な投資家は、評価過程や戦略に含める過程ではセンチメントが負であることを歓迎する。会社を取り巻くセンチメントが正であれば、高く買いすぎる可能性が高いからだ。

これらの3つの会社は、私が52週安値戦略を見直しているとき、新聞のトップ記事になっていた。どのケースも良い記事ではなかったが、これら3つの会社は52週安値戦略の5つのフィルターをパスし、私の顧客に素晴らしい結果をもたらしてくれた。

会社1――ベストバイ

アマゾンやiTunesが登場する前、ベストバイが金の卵を産むガチョウに見えた時期があった。ただしベストバイは金の卵を生むわけではなく、ゴールド・レコードを売っていたのだが。ベストバイは全米1の家電量販店で、天井知らずの勢いで成長しているように思えた。

そこへ登場したのがiPodとiPhoneだ。文化の変化はこの家電量販店の巨人にとって死の宣告も同然だった。2012年秋、世界がスティーブ・ジョブズの伝記をキンドルで読んでいるとき、ベストバイに対するセンチメントが冷え切ってしまったのは明らかだった。もし52週安値戦略がなかったならば、私はこの会社は買わなかっただろう。

この会社は52週安値戦略の5つのフィルターをどうやってパスしたのだろうか。

フィルター1――長続きする競争優位性

この会社はデジタル小売りに勝る利点はあるのだろうか。間違いなくある。60インチのプラズマテレビと洗濯機と乾燥機をオンラインで

買えば、配送料は無料になるのが普通だ。実在の小売店のなかでもベストバイにはスケールメリットがあり、信じるかどうかはともかくとして、10年にわたってROIC（投下資本利益率）は常にCOCを上回っていた。

フィルター2 ── フリーキャッシュフロー利回り

フリーキャッシュフロー利回りは12.87％。
フリーキャッシュフロー利回りは、10年物Tボンドのリターン、つまり無リスク利子率の2.65％を何倍も上回っていたため、安全域はきわめて大きかった。

フィルター3 ── ROIC

ROICは21.42％。
当期ROICはCOCを上回っていた。

フィルター4 ── 長期負債対フリーキャッシュフロー比率

ベストバイの長期負債対フリーキャッシュフロー比率は0.67年だった。つまり、非常時に全負債を返済するのに8カ月しかかからないということである。

フィルター5 ── 52週の安値

2012年の秋、ベストバイは52週の安値か、その近くにあったのだろうか。実はあったのである。ベストバイが戦略に加えられたとき、株価は52週の安値をわずか3.4％上回る17.91ドルだった。

図9.1 ベストバイ

なぜそうなったのだろうか。ベストバイは良い投資の機会を提供したのだろうか。自分で判断してもらいたい（**図9.1**）。

ウォール街に見捨てられたこの会社の株価は、1年後の2013年10月11日には119.21％上昇して、39.26ドルになった。一般大衆のセンチメントはどうなったのだろうか。ご想像にお任せするが、52週安値モデルに組み込まれ、投資家たちに非難されているように思えたときから1年後には、事態は好転したとだけ言っておこう。この会社が戦略に加えられたときセンチメントは最悪だったが、戦略から除去したときには非常に高くなっていた。

会社2 ── フリアー・システムズ

一般大衆の認知度がある程度あるベストバイとは違って、赤外線画像装置メーカーは噂に上ることはほとんどなく、テクノロジーが私たちの生活を変えた例を常に探しているテレビのキャスターたちの口に上ることもない。2012年秋、フリアー・システムズに対する投資家心

理は冷え切っており、市場から見放されているように思えた。

フィルター1 ── 長続きする競争優位性

フリアー・システムズは10年にわたって常にCOCを上回る利益を上げ、このセクターでは競争力を持っていた。

フィルター2 ── フリーキャッシュフロー利回り

フリーキャッシュフロー利回りは8.25％。

ベストバイほど印象的ではないが、Tボンド（無リスク利子率は2.65％）に比べるとリスクをとる価値は十分にある。フリアー・システムズのフリーキャッシュフローはTボンドの3倍だった。

フィルター3 ── ROIC

ROICは15.82％。

フリアーのROICは常に10％台を維持。これは経営陣が質の高い意思決定をしていることを示している。

フィルター4 ── 長期負債対フリーキャッシュフロー比率

フリアーの長期負債対フリーキャッシュフロー比率は－0.80年。

フリーキャッシュフローに手を付けることなく長期負債を返済できる十分なキャッシュがあった。これは機会を示す素晴らしいサイン。

図9.2　フリアー・システムズ

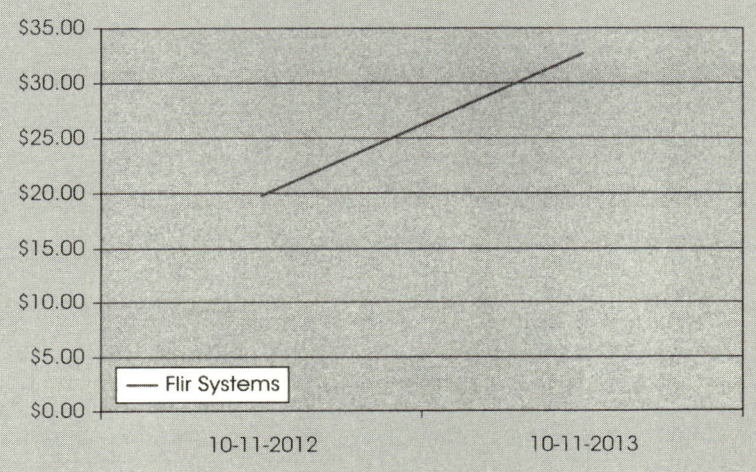

```
$35.00
$30.00
$25.00
$20.00
$15.00
$10.00
$5.00
$0.00
       10-11-2012              10-11-2013
       ── Flir Systems
```

フィルター5 ── 52週の安値

　2012年10月11日現在、フリアーの株価は52週の安値から8％の位置にあり、19.79ドルだった。
　そしてわずか1年で、株価は65.08％上昇し、2013年10月11日には32.67ドルになった（**図9.2**）。

会社3 ── ジョンソン・アンド・ジョンソン

　この会社も2012年の秋、52週安値戦略の5つのフィルターをパスした。ジョンソン・アンド・ジョンソンは、世界最大の（とは言わないまでも）最も利益を出しているヘルスケア製品メーカーの1つだ。しかし、私がこの会社を戦略に含めたとき、投資家は興味を失っていた。これは、人気よりもバリューを重んじる規律ある投資家にとっては最高の機会だった。

フィルター1 ── 長続きする競争優位性

これはもう言う必要はないだろう。ジョンソン・アンド・ジョンソンはずっと業界のリーダーだったが、本当に長続きする競争優位性を持っているかどうかを確かめるために、私は短期的および長期的な基本統計量を確認してみた。

フィルター2 ── フリーキャッシュフロー利回り

フリーキャッシュフロー利回りは6.51％。

ほかの会社ほど高くないが、リスクはそれほど高くない。したがって、潜在的利益はそれほど高い必要はない。しかし、Tボンドの数倍はあった（無リスク利子率の2倍以上）。

フィルター3 ── ROIC

ROICは17.55％。

一貫性こそが王だ。ジョンソン・アンド・ジョンソンのROICは常にCOCを上回っていた。

フィルター4 ── 長期負債対フリーキャッシュフロー比率

長期負債対フリーキャッシュフロー比率は－0.20年。

会社の規模と歴史を考えると驚くには当たらない。負債を返済してもなお銀行にはキャッシュがあり、フリーキャッシュフローに手を付ける必要もない。

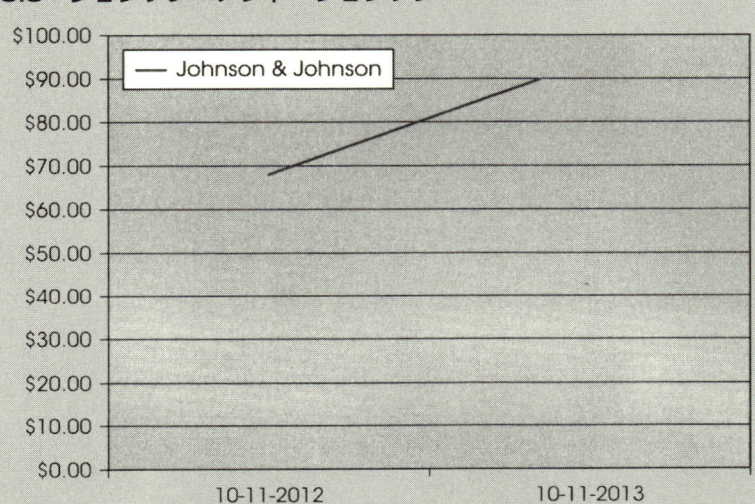

図9.3 ジョンソン・アンド・ジョンソン

[Line chart showing Johnson & Johnson stock price rising from about $68 on 10-11-2012 to about $90 on 10-11-2013]

フィルター5──52週の安値

　2012年10月11日現在、株価は52週の安値から9.9％しか離れておらず、67.99ドルだった。

　1年後の2013年10月11日、株価は31.56％上昇して89.45ドルになった（**図9.3**）。

　これらの3社はすべて課税口座で評価し、52週安値戦略に組み込む銘柄として12カ月ごとに見直される。これらの会社にはいくつか共通点があった。

● センチメントは悪かったが、それは大きな問題ではなかった。これらの銘柄はマスコミの見出しではなくて、データに基づいて選んだものだ。
● これら3社はセクターはまったく異なるが、同じ方法で評価した。

図9.4 ベストバイ、フリアー・システムズ、ジョンソン・アンド・ジョンソン

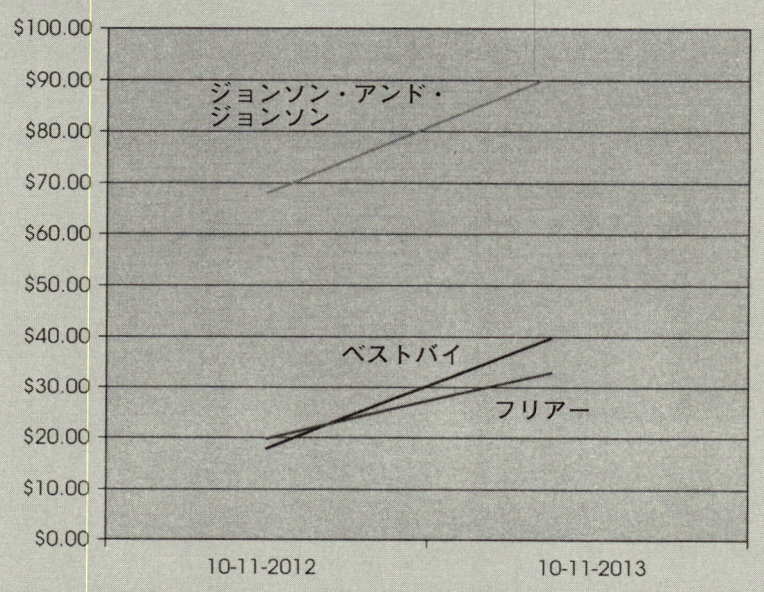

人気、価格、規模という点では劣るが、52週安値の公式の5つのフィルターをパスすればそれでよい。

● 戦略に組み込まれていた1年間はこれら3社はすべて市場をアウトパフォームしていた。次の見直しの時期には5つのフィルターをパスしなかったので、売った。

2012年10月11日にこれら3社の株をそれぞれ1株買えば105.69ドル支払わなければならなかったが、1年後にはおよそ53%上昇して161.38ドルになった（**図9.4**）。

もちろん、これら3社はその年の戦略を構成する25銘柄の3つにすぎないが、ほかの銘柄のすべてがパフォーマンスが良かったわけではない。25銘柄のうち20銘柄は価値が上昇したが、5銘柄は価値を下げ

た。これは、6カ月から12カ月ごとの52週安値戦略を構成する銘柄の「打率」が70～80％であったことを示すだけでなく、センチメントがいかに間違っているかを示しているので重要だ。

　投資戦略においては、見聞するものに基づいて意思決定するのではなくて、あなたが知っていることに基づいて意思決定することが何より重要だ。

第10章
サンクコスト・バイアス、プライド、後悔
The Sunk-Cost Bias and Pride and Regret

ヤコビの逆転の発想──飛行機を作ると決心して、20億ドルのプロジェクトにすでに1億ドルつぎ込んだ。これはもう何があっても飛行機を作るしかない。競合他社に打ち負かされようが、競合他社がもっと安いコストで飛行機を作ろうが、もっと良い飛行機を作ろうが、私は絶対にこの飛行機を作る。すでに1億ドルも投資しているのだから。私は投資を新鮮な目でみることはできない。何が起こっても行動指針を変える気はない。

　投資において良い意思決定をしようと思ったら、客観的で冷静でなければならない。そうでなければ、感情やプライド、頑固さによって意思決定してしまうことになる。あきらめて前進することも重要だ。
　1つのシナリオを考えてみよう。私は飛行機メーカーで、ドリームライナーさえ小舟に見えてしまうようなすごい飛行機を作ることを決心したとしよう。私の計算によれば、この飛行機からはおよそ20億ドルの利益が見込めると判断した。世界中の航空会社や実業家たちは私の新しい飛行機に注目している。インターネットを通じて素案が漏れ、一夜にして電話が鳴り始めた。問題はただひとつ。それを作ることだけだ。
　そこでエンジニア、航空機の専門家、製造チームを集めて計画を開

始し、設計・製造を始める。子連れ客のための専用フロアから、愛犬を置いていけない旅行者のためのペットホテルまで、この飛行機には何でもそろっている。プール付きのヘルスクラブの搭載も検討中だ。プロジェクトも半ばにさしかかったころ、CFO（最高財務責任者）が厳しい知らせを持って私の部屋のドアをノックする。まだ半分しかできていないのに、出費はすでに15億ドルに上っていた。このプロジェクトを完成させるにはあと10億ドルのお金が必要だ。

　もしあなたが私だったらどうするだろうか。

　大陸横断の旅を一変させてしまうような飛行機を作り続けるだろうか。それとも、数字を見てあきらめるだろうか。

　論理的に考えれば、いかに素晴らしい飛行機といえども、それを完成させれば5億ドルの損失になる。飛行機を完成させることは、創造というエゴとプライドに屈し、明らかに損失を招く定理へと突き進むことになる。本書を読んでいる読者はすでにお分かりと思う。唯一の賢い選択は、あきらめることである。

　この飛行機の例では、正しい答えは明白だ。それにはいくつかの理由がある——①このプロジェクトはスケールが大きい。風刺画で人の顔の特定の特徴を強調するとき大きく描くように、この種の選択を容易にするのは巨額のお金だ、②それはあなたのお金ではなく、私のお金だ。私たちは他人の論理的な欠陥を見つけるように生まれついている。しかし、その虫眼鏡で自分の生活を見るとき、虫眼鏡は曇ってしまう。感情、怒り、社会的プレッシャー、仲間からのプレッシャーは自分の論理的な欠陥を見るときの障害になる。

　投資や退職後の計画もまったく同じである。私たちはいくばくかのリターンを期待してファンドや株に投資する。明確で規律ある戦略がなければ、最初の期待が満たされるという望みを抱いたまま、その投資にお金を注ぎ続けることになる。行動心理学や投資心理学のコミュニティーはこれを「サンクコスト・バイアス」（失ったものを高く評

価する）と呼んでいる。サンクコスト・バイアスとは次のようなものを言う。

　私はリターンCを期待してお金Aを投資する。
　リターンがわずかBでも、投資し続ける。

　実際のリターンが減少し続けているにもかかわらず、最初の投資額Aがムダになることを恐れ、私はリターンCを目指して投資を続ける。
　悪い何かを追求するために大金を注ぎ込むことを避けるには、進捗状況をチェックしながら、健全で論理的な意思決定をさせてくれるような戦略や規律が必要だ。あなたのために意思決定してくれるような人も必要だ。
　これは52週安値の公式の要となるものだ。6カ月ごとおよび12カ月ごとに銘柄を見直す必要があるのはこのためだ。私たちは6カ月ごとに銘柄を見直し、私たちの判断基準を満たす銘柄を選び直し、再びスタートする。100回のうち85回は6カ月前に買った株は売られる。つまり、利食いして、おさらばするわけである。最後のフィルターは、52週安値近くにいる会社を見つけるためのフィルターであることを思い出そう。私たちはスーパー航空機を作っているわけではない。私たちはしっかり計画し、将来に備えているのである。曇った虫眼鏡は役には立たないのである。
　行動経済学において重要な2つの力は、私たちが生活のなかで行う多くの意思決定に影響を及ぼす力と同じ力である。プライドは、正しい選択肢が目の前にあるのに、間違った意思決定をさせてしまう。後悔は、期待が前の期待の上に形成されるため、私たちを成功から遠ざけてしまう。
　2008年6月、UBSウェルス・マネジメント・リサーチは行動経済学の影響力についての白書を出版した（ヨアヒム・クレメント、ベ

ロニカ・ウェイサー、トーマス・ワッカーの「Behavioral Finance: Where Your Mind Can Play Tricks on You When You Invest--and What You Can Do about It」。UBSウェルス・マネジメント・リサーチ、2008年を参照）。このなかでプライドと後悔は次の例を使って説明されている（分かりやすくするために段落に分けている）。

> ボブは１株50ドルの株に投資している。１年後、株価は100ドルになる。ここでボブは何をしたかというと、彼には売るというプロセスも規律もないため、自分の希望だけで判断してしまう。彼は株価はもっと上がると信じている。12カ月で２倍になるような株は人気銘柄なので、その価値はおそらくは過大評価されていて、さらなる成長を見込むのはリスクがあるという現実が彼のプライドのせいで見えなくなっているのである。彼は株を持ち続けることを決める。
>
> ６カ月後、株価は75ドルに下落し、ボブは売ることにした。彼の18カ月にわたる投資の50％は部外者によってかっさらわれたことになる。ボブは納得がいかない。なぜこうなったのか。それはボブが100ドルで売るべきときに売らなかったからである。75ドルでも悪い価格ではないが、100ドルで売っていれば得られたはずの利益の半分しか得られなかった後悔で、彼にはこの利益が魅力的には映らない。

プライド、後悔、サンクコスト・バイアスで面白いのは、利益は出ているが、高値が忘れられないことである。1990年の終わりにフロリダ州デスティンのベッドルームが３〜４室あるコンドミニアムは25万ドルだったが、2007年の中ごろにはその価値は80万ドルから100万ドルに上昇した。そのときにそのコンドミニアムを売った人はいるだろうか。あるいは、今売ろうとする人はいるだろうか。コンドミニアム

の今の価格が50万ドルでも、彼らは100万ドルという高値が忘れられず、価値が2倍になったにもかかわらず、50万ドルも価値が下がったと思っている。参考価格は最高値ではなく購入価格の25万ドルのはずである。投資については、最高値で売れることはほとんどなく、最安値で買えることもほぼないという現実を認識して、心穏やかに過ごすことである。

　投資では、「するはずだったのに」は「なるかもしれない」と同じくらい危険な言葉だ。これらの言葉は同じ感情的なコインの両面だ。「するはずだったのに」は後悔で、「なるかもしれない」はプライドだ。どちらも感情だ。私たちの意思決定能力を曇らす感情だ。ボブは将来の投資で同じ利益を期待するだろうか。1年目に100％上昇した経験によるプライドのせいでおそらくそう期待するだろう。将来株価が上昇し始めたときに、すぐに売ってしまう可能性はあるだろうか。お金を2倍にできる可能性を見逃した後悔は彼の心から消えることはないので、きっとすぐに売ってしまうことだろう。

　人間の脳と心はとてつもなく素晴らしいものだが、それは夜更かしさせてしまったり、間違った安心感や安定感を与えてしまうものでもある。直感やプライドで大金を稼いだ例は確かにたくさんあるが、同じだけのお金が失われているのも事実だ。規律あるシステムに基づく投資は、プライドと後悔を排除し、実用的な理由で良い意思決定をすることにある。

　「するはずだったのに」や「なるかもしれない」という気持ちを排除するには、集中力と規律が必要だ。結局、あなたの財産にとって重要なことは、過去はどうだったのかと、今はどうなのかの2つだけである。ほかのものはすべてプライドと後悔である。

第11章
フィルター5 ── 52週安値の公式とそれを反証する私の旅
Filter 5 : The 52-Week Low Formula and My Journey Trying to Disprove It

ヤコビの逆転の発想 ── 投資リターンを最小化するために、私は52週の高値にある株を買うことに集中する。需要の高い株を見つけて、その株に群がる買い手に加わる。利益が徐々に上昇することを期待して、あるいは利益がマイナスになったとしても、大金を投じる。安く売るリスクはあっても、高く買って、もっと上昇することを期待する。

　52週安値戦略の最後のフィルターは、株価が史上最高値や直近の高値を下回る会社で、買い手よりも売り手の多い会社を見つけるためのフィルターだ。安く買って、高く売るのは経済学の基本だが、この基本的なルールが見落とされ、投資家や企業がこのルールを破ることをいとも簡単に正当化していることが多いのには驚くばかりである。
　この簡単なルールが破られることが多いという事実は、投資の意思決定が認知バイアスや感情の影響を受けていることを示している。株価が上がると、投資しなければならないという気持ちになってしまう。株価が上昇し、人々が稼いでいるのを見ると、自分も遅れを取ってはならないという気持ちにさせられる。アップルが高値を更新すると、よく考えもせずに投資してしまう。そして、その行動を正当化する。だれもがお金を稼いでいるのだ、だから自分も稼げるに違いない。株価は毎週上昇している。今こそチャンスだ。そして私たちは買う。株

価はそのあとも上昇し続けるだろうか。上昇し続けるはずだ。そうならなければならない。そして儲かるはずだ。私たちは何回も自分にこう言い聞かせる。上昇し続けると、私たちは信じて疑わない。

これが問題なのである。

投資は信念で行うものではない。感情や見出しに踊らされるものでもない。ここまで本書を読んできて何かを学んだとすれば、まさにこのことだと思っている。投資でリスクを低減し、将来の利益を守る唯一の方法は、感じられること、想定されること、望むことではなく、分かっているものに基づくシステムを持つことである。戦略は、大衆に従いたい、トレンドを信じたい、売り手市場なのに買い手の側にいたいという気持ちから私たちを守ってくれるものだ。戦略に厳密に従うことで、何も正当化する必要などない。意思決定プロセスを持ち、そのプロセスに従い続ければ、何かを正当化する必要などない。そのプロセスこそが正当化されるべきものだ。別の意思決定のほうが良かったかどうかなどに心を悩ます必要はない。そのエネルギーは別のもっと建設的なことに使おう。

学術研究の専門家として、あるいはブラックジャックのテーブルに座って、カードがどう落ちるかを見るのが好きなので、アップルなどの「ホット」な株に投資したいというのなら、それもよいだろう。しかし、賢い人々がカジノに行くときにはルールがある――失ってもよいお金でなければ賭けてはならない。週末、ラスベガスに退職したときのための貯金を持って行ってはならない。将来のための貯金を、市場で人々が最も群がるものに賭けてはならないのである。

52週安値戦略のフィルターの順序は、フィルターそのものと同じくらいに重要だ。この順序には理由がある。この順序に従うことで、NYSE（ニューヨーク証券取引所）の何千という上場企業をえり分けることができる。これらのフィルターは、3000社のなかから、最高のバリュー銘柄を提供し、6カ月から12カ月にわたって最大の成長機会

のある25銘柄を選ぶためのフィルターなのである。

　先に進む前におさらいしておこう。

フィルター1 ── 長続きする競争優位性

- その会社は強い経済状態を持つ業界に属しているか。顧客やベンダーが望むような収益を出しているか。それは企業が簡単に置き換えられないような飽和状態にある業界か。
- フルビジネスサイクル期間にわたって、ROC（資本利益率）が常にCOC（資本コスト）を上回っていたか。
- その会社には競争を生き抜くのに必要な経済的な堀はあるか。

フィルター2 ── フリーキャッシュフロー利回り

- その会社は市場での競争力を維持しながら、配当支払いや再投資を賄えるような十分なフリーキャッシュフロー（FCF）を生みだしているか。
- その会社は、投資リスクを正当化できるだけの正のキャッシュフローというだけではなく、十分な安全域を持っているか。つまり超過キャッシュフローが無リスク利子率を大きく上回っているか。

フィルター3 ── ROIC（投下資本利益率）

- その会社は現在の環境で、COCを上回るROCを上げられるような形で投資しているか。

フィルター4 ── 長期負債対フリーキャッシュフロー比率

- 何か壊滅的なことが起こっても、その会社は負債を返済しながら、なおかつ生産能力を維持できるか。
- その会社は長期負債をフリーキャッシュフローで3年以内に返済することができるか。

　最初の4つのフィルターは、強い経済状態を持つ業界で勝ち残ることができ、無リスク利子率を上回るフリーキャッシュフローを生みだし、ROCがCOCを上回り、投資を正当化できるだけの良いバランスシートを提供し、素晴らしい経営陣を抱え、短期的に耐久力のある会社をふるい分けるためのフィルターだ。では、最後のフィルターはどんな役目をするのだろうか。今現在と次の6カ月にわたって最高の機会を提供してくれる会社 ── 最高の価値を提供してくれる25銘柄 ── を決定するのが最後のフィルターの役割である。

　バリューと聞くと汚いものを想像する投資家は多い。彼らはバリュー戦略を価格だけに結びついたものととらえているからだ。しかし、バリューは価格とは無関係で、可能性を意味するものである。バリューとは期待と機会が出合う場所と定義することができる（**図11.1**）。

　あなたが投資するときに期待することは、あなたが投じたお金が増えること、利益という形で投資から恩恵を得ることである。感情や正当化によって曇らされることなく、機会を見つけることを手助けしてくれる一貫したルール（フィルター）に従って投資機会を見つけるのが52週安値戦略の仕事である。

　5番目のフィルターは、買い手がいなくなり、売り手だけが残ったような会社を見つけるためのフィルターだ。売り手よりも買い手のほうが多ければ、株価は上昇する。売り手と買い手の数が同じだと、株価は変わらない。しかし、買い手よりも売り手のほうが多ければ、株

図11.1　バリューの定義

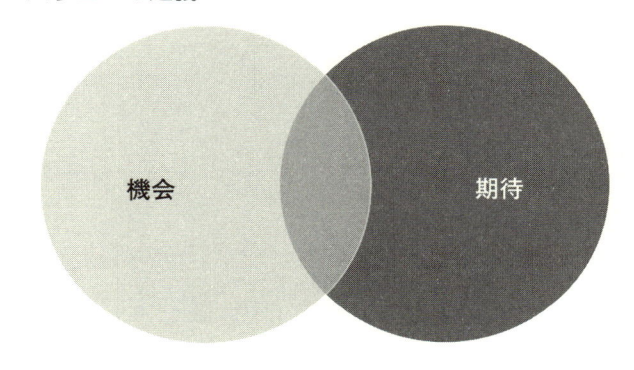

機会　期待

価は下がる。これほどシンプルなことはない。しかし、このシンプルな事実が投資を成功に導くためには重要なのである。

タイミングの問題

　52週安値戦略は長期的にバリューの増大する会社を見つけるためのものだ。それぞれの会社のデータをフィルタープロセスとして見るとき、私たちはフルビジネスサイクル期間にわたって、そして一定の一期間においても、ROICがCOCを一貫して上回っているかを必ず見る。私たちが求めるものは、当期フリーキャッシュフロー利回りが無リスク利子率の複数倍であることである。最後のフィルターもほかのフィルターと同じだが、最後のフィルターの場合、１年だけのデータを見て、株価がその１年の安値かその近辺にある会社を選ぶということだけが異なる。このフィルターによって、長続きする競争優位性や安全域のある会社を買うだけでなく、過小評価され、熱狂の渦から離れ、「行動学的優位性」を持つ質の高い会社を買うことができる。行動学的優位性とはラッセル・フラー（CFA［証券アナリスト］）が提

唱した概念（ラッセル・J・フラーの「Behavioral Finance and the Sources of Alpha」2000年2月6日を参照。http://www.fullerthaler.com/downloads/bfsoa.pdf）で、これによってアウトパフォームする確率は高まる。

私の反証の旅

　私たちの顧客や私たちのチームは株価が52週安値近辺にある良い会社を買うことにおいては成功してきたが、私はデータ自身に語らせる必要があると思った。そこで私は52週安値の公式を反証、あるいはさらに確信するために、モーニングスターに独立したバックテストを依頼した。最初のバックテストの1つは、株価が52週高値近くにある25社を買った場合と、52週安値近くにある25会社を買った場合を、6カ月ごとにリバランスして比較するというものだ。

　株価が52週高値近くにあり、センチメントが極めて高い会社を買ったほうが良かったのか、それとも株価が52週安値近くにあり、センチメントが極めて低い会社を買ったほうが良かったのだろうか。

　52週安値近くにある会社を買ったほうが圧倒的に良い結果が出た。詳しく見てみよう。

　52週安値戦略の独立したバックテスト（モーニングスターが2014年1月14日に行ったCPMSバックテスト）を行ったケーススタディーでは、2004年4月に100万ドルを52週高値近くにある25社と52週安値近くにある25社に投資したらどうなるかを調べた。ほかの4つのフィルターは適用していない。調べたのは価格のインパクトだ。最初のグループはその年の4月現在、52週の高値近くで売買されていた会社で、2番目のグループは52週の安値近くで売買されていた会社だ。いずれのケースも総利益には1％の運用報酬と配当支払いが含まれる。

　このテストから分かったのは、真の機会を見つけるにはタイミング

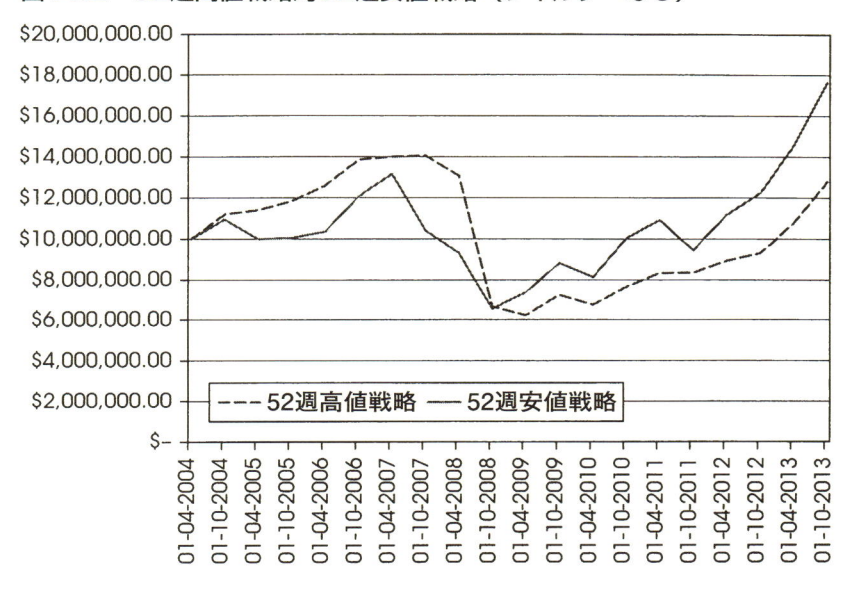

図11.2　52週高値戦略対52週安値戦略（フィルターなし）

注＝2014/1/14にモーニングスターが行ったCPMSバックテスト

がいかに重要かということである。質の高い会社を見つけることと、それらの会社が最も利益を出すときにそれらの会社を見つけることとはまったく別問題なのである（**図11.2**と**表11.1**）。

　図11.2を見ると分かるように、52週の高値で買った会社は最初は52週の安値で買った会社をアウトパフォームしているが、2008年の市場の大暴落のとき、52週高値のポートフォリオの価値は急激に下がり、回復するまでにかなりの時間がかかっている。長い目で見ると、52週の安値で買った会社のほうが、大暴落からの回復期間が短いため、優れた価値を示し、利益も大きい。注目すべきことは、50銘柄（高値で買った25銘柄と安値で買った25銘柄）のいずれも最初の４つのフィルターをパスしていないことである（第５章の52週安値戦略とその復活のケーススタディーを参照）。52週高値の会社も52週安値の会社も価

表11.1　52週高値戦略対52週安値戦略（フィルターなし）

52週高値戦略（価格のみ。フィルターなし）

パフォーマンス統計量	ポートフォリオ	ベンチマーク	ベンチマークとの差
年次リターン			
開始当初から	2.75%	7.66%	−4.91%
1年リターン	37.10%	32.39%	4.71%
3年リターン	18.70%	16.18%	2.52%
5年リターン	13.89%	17.94%	−4.05%
10年リターン	n/a	n/a	

最良・最悪パフォーマンス	ポートフォリオ	ベンチマーク
最良の3カ月リターン	12.68%	25.83%
最悪の3カ月リターン	−37.45%	−29.65%
最良の6カ月リターン	19.28%	40.52%
最悪の6カ月リターン	−49.01%	−41.82%
最良の12カ月リターン	37.10%	53.62%
最悪の12カ月リターン	−55.57%	−43.32%
最大ドローダウン（ポートフォリオ価値の%）	−62.56%	−50.95%
期間の最初	2007/10	2007/10
期間の終わり	2009/02	2009/02

ポートフォリオ統計量（月次）		
アルファ	−0.26	
ベータ	0.82	
ピアソンの相関係数（r）	0.82	
決定係数（R^2）	0.67	
入れ替え比率	186.49%	
標準誤差	2.46	
t統計量	2.09	
シャープレシオ	0.08	0.41
トレーナーレシオ	1.44	
ソルティノレシオ	0.23	0.73
情報レシオ	−0.55	

第11章 フィルター5──52週安値の公式とそれを反証する私の旅

52週安値戦略（価格のみ。フィルターなし）

パフォーマンス統計量	ポートフォリオ	ベンチマーク	ベンチマークとの差
年次リターン			
開始当初から	6.49%	7.66%	−1.17%
1年リターン	44.12%	32.39%	11.73%
3年リターン	20.75%	16.18%	4.57%
5年リターン	21.96%	17.94%	4.02%
10年リターン	n/a	n/a	
最良・最悪パフォーマンス	ポートフォリオ	ベンチマーク	
最良の3カ月リターン	28.63%	25.83%	
最悪の3カ月リターン	−36.36%	−29.65%	
最良の6カ月リターン	41.13%	40.52%	
最悪の6カ月リターン	−43.80%	−41.82%	
最良の12カ月リターン	56.20%	53.62%	
最悪の12カ月リターン	−43.41%	−43.32%	
最大ドローダウン（ポートフォリオ価値の%）	−57.35%	−50.95%	
期間の最初	2007/05	2007/10	
期間の終わり	2009/02	2009/02	
ポートフォリオ統計量（月次）			
アルファ	−0.08		
ベータ	1.05		
ピアソンの相関係数（r）	0.87		
決定係数（R^2）	0.76		
入れ替え比率	175.56%		
標準誤差	2.53		
t統計量	0.68		
シャープレシオ	0.27	0.41	
トレーナーレシオ	4.67		
ソルティノレシオ	0.51	0.73	
情報レシオ	−0.13		

注＝2014/1/14にモーニングスターが行ったCPMSバックテスト

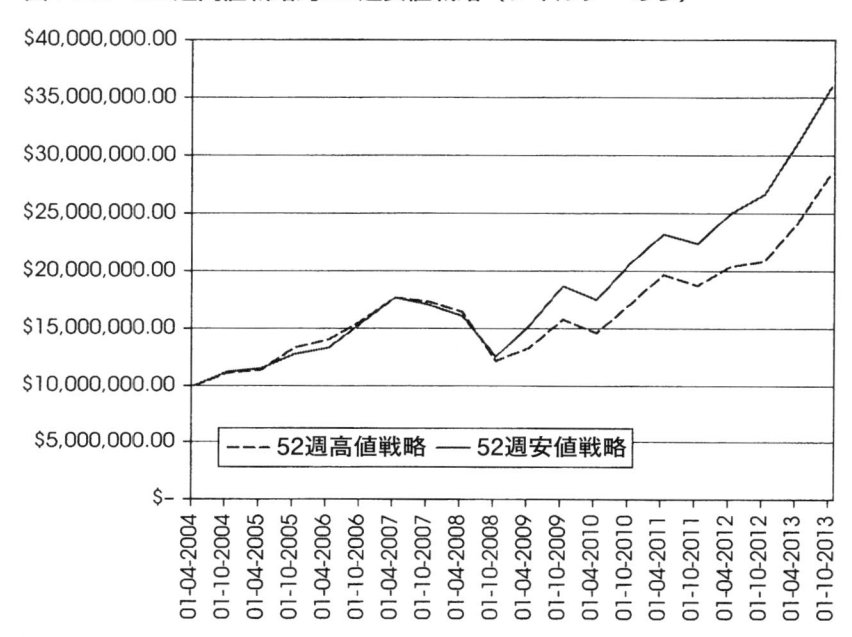

図11.3　52週高値戦略対52週安値戦略（フィルターあり）

注＝2014/1/14にモーニングスターが行ったCPMSバックテスト

格だけで選んだものだ。

　表11.1のデータを見ても「私はまだ信じられなかった」。4つのフィルターを適用しても、52週安値戦略が52週高値戦略をアウトパフォームするのかどうか疑問だったからだ。

　しかし、「4つのフィルターを適用しても52週安値戦略が勝利した」。結果は**表11.2**と**図11.3**に示したとおりである。

　問題はなぜなのかということである。52週高値の会社は、52週安値の会社よりも、なぜ株価が急速に下落し、回復に時間がかかったのだろうか。いずれのケースでも、ダウンサイドリスクもポートフォリオ成長率も、52週安値の会社が52週高値の会社よりも良いのはなぜなのだろうか。これは真の価値の問題、本質的価値の問題である。高値で

表11.2　52週高値戦略対52週安値戦略（フィルターあり）

52週高値戦略（価格のみ。フィルターあり）

パフォーマンス統計量	ポートフォリオ	ベンチマーク	ベンチマークとの差
年次リターン			
開始当初から	11.73%	7.66%	4.07%
１年リターン	36.32%	32.39%	3.94%
３年リターン	18.45%	16.18%	2.27%
５年リターン	18.52%	17.94%	0.58%
10年リターン	-	-	

最良・最悪パフォーマンス	ポートフォリオ	ベンチマーク
最良の３カ月リターン	26.09%	25.83%
最悪の３カ月リターン	-29.59%	-29.65%
最良の６カ月リターン	34.50%	40.52%
最悪の６カ月リターン	-39.19%	-41.82%
最良の12カ月リターン	47.55%	53.62%
最悪の12カ月リターン	-36.45%	-43.32%
最大ドローダウン（ポートフォリオ価値の%）	-41.66%	-50.95%
期間の最初	2007/05	2007/10
期間の終わり	2009/02	2009/02

ポートフォリオ統計量（月次）		
アルファ	0.38	
ベータ	0.90	
ピアソンの相関係数（r）	0.90	
決定係数（R^2）	0.81	
入れ替え比率	95.62%	
標準誤差	1.85	
t統計量	3.18	
シャープレシオ	0.69	0.41
トレーナーレシオ	11.28	
ソルティノレシオ	1.22	0.73
情報レシオ	0.62	

表11.2 52週高値戦略対52週安値戦略（フィルターあり）

52週安値戦略（価格のみ。フィルターあり）

パフォーマンス統計量	ポートフォリオ	ベンチマーク	ベンチマークとの差
年次リターン			
開始当初から	14.49%	7.66%	6.83%
1年リターン	34.97%	32.39%	2.58%
3年リターン	20.23%	16.18%	4.05%
5年リターン	23.43%	17.94%	5.49%
10年リターン	–	–	

最良・最悪パフォーマンス	ポートフォリオ	ベンチマーク
最良の3カ月リターン	26.49%	25.83%
最悪の3カ月リターン	−27.79%	−29.65%
最良の6カ月リターン	40.06%	40.52%
最悪の6カ月リターン	−31.05%	−41.82%
最良の12カ月リターン	59.19%	53.62%
最悪の12カ月リターン	−28.26%	−43.32%
最大ドローダウン（ポートフォリオ価値の%）	−33.24%	−50.95%
期間の最初	2007/05	2007/10
期間の終わり	2009/02	2009/02

ポートフォリオ統計量（月次）		
アルファ	0.61	
ベータ	0.86	
ピアソンの相関係数（r）	0.89	
決定係数（R^2）	0.80	
入れ替え比率	115.83%	
標準誤差	1.88	
t統計量	4.86	
シャープレシオ	0.90	0.41
トレーナーレシオ	14.96	
ソルティノレシオ	1.64	0.73
情報レシオ	1.01	

注＝2014/1/14にモーニングスターが行ったCPMSバックテスト

売買されている会社は実際の価値以上で売買されていることが多い。これらの会社の価値は、バランスシートではなく、買い手の需要を反映しているだけなのである。

　買い手はいつも合理的であるとは限らない。彼らも人間だ。群れの行動や逃してしまうかもしれないという恐怖の影響を受ける。それが彼らに人の群がる株を追いかけさせてしまうのだ。リスクが不相応に大きいときに、大きなリスクをとってしまうのである。こうした集団行動はバブルを引き起こす。そして、バブルはどんなバブルでもいつかははじける。こうしたバイアスに打ち勝つプロセスを持った者はバブルは逃すかもしれない。しかし、バブルがはじけたあとの回復スピードは速い。

　52週安値の公式はプレコミットメント戦略だ。これがなぜ自制心にとって重要なのだろうか。ジェームズ・モンティエはプレコミットメントを将来的なバイアスを知るための手段だと言っている。つまり、事前に計画しておけば、誘惑が起こったときでも正直でいられるということである。自分のアプローチを理解し、プロセスに従い続けることで、流行に流されたり、群れに従ったり、センチメントが高くすでに高値になっている株を追いかけたりすることはない。

　52週安値戦略のようなバリュー投資戦略は、安い会社を見つけるだけのものではない。これは論理的な選択を促すものだ。そしてこうした選択は時代を先取りする。みんなが売っている株を買うことは直感的なのだろうか。違う。では、論理的なのだろうか。イエスだ。群れの行動や見逃すかもしれないという恐怖が買い手を狂乱状態に陥れ、任意の株やポートフォリオの価格を人工的に膨れ上がらせるが、逆もまた真なりである。群れの行動や立ち往生するかもしれないという恐怖は、売り手に損切りすることを正当化させる。これはサンクコスト・バイアスの逆である。これは、損失がかさむかもしれないというバイアスであり、「みんなが売っている。だから私も売ったほうがよい」

という心理状態に陥らせるものである。

　こうして、株価が過小評価され回復の可能性が高い会社が残る。株価はゼロになることはない。膨張しすぎた価格はやがてはしぼむように、膨張が足りない株は上昇してその会社の本質的価値に追いつく。このことを認識し、みんなが売っているときに買うことが、バリュー投資家とホットな株は上がり続けることを信じる者とを分かつものなのである。

　これをやるのは認知的にも心理的にもきついものがある。リスクが高いようにも感じる。私もかつてはそう思っていた。しかし、私の直感が間違っていることは、プロセス、システム、戦略によって何回も思い知らされた。バリュー戦略で市場をアウトパフォームするための鍵は、一般大衆と一線を画すことなのである。

第12章
－25％の直近12カ月のリターンを受け入れることの重要性
The Importance of Embracing a Trailing 12-Month Return of -25 Percent

ヤコビの逆転の発想──直近12カ月のリターンが大きい25銘柄のポートフォリオを構築したい。それ以前のパフォーマンスは知らないが、とにかくこういった戦略に資金を投じたい。間違えるのなら、高く買うほうで間違えたほうがマシだ。株価が直近の株価に比べて安くなっているものを買いたい人がいるだろうか。

　これは間違った考えだが、これが一般投資家の現実であり、プロの投資家さえこう思っている。これが間違った考えであることが分かると、戦略には、今のリターンが直近12カ月のリターンよりもはるかに低い、あるいはかなり低い銘柄を組み入れることが重要だという事実に気づくはずだ。
　ハワード・マークスは次のように言っている。

> 私が投資について最も面白いと思うのは、それが逆説的だということである。ほとんどの人にとって明らかなこと──つまり、みんなが同意していること──がそうではないことが判明することが往々にしてある……最も儲かる投資戦略は逆張りだ。つまり、みんなが売っているとき、つまり価格が安いときに買い、みんなが買っているとき、つまり価格が高いときに売るというこ

とである（ハワード・マークスの『投資で一番大切な20の教え──賢い投資家になるための隠れた常識』［日本経済新聞出版社］を参照）。

　彼の言葉は、52週安値戦略を見直しているとき、あるいはアドバイザーの指示にしたがって戦略を構築しているとき、新たに組み入れた会社の直近12カ月のリターンは非常に低いことを認識する──実際には受け入れる──ことが重要であるという事実に気づかせてくれる。

　2012年秋、52週安値戦略の銘柄の見直しに忙しかった。戦略の最初の4つのフィルターをパスした銘柄を評価し、そのなかから最終的な25銘柄を決定する作業を行っていた。そのとき、背筋がゾクっとするような数字を目にした。若いときなら恐怖や疑惑を抱くと背中がゾクっとすることはよくあるが、今は事の次第が分かっているので、これは間違いなく興奮のサインだということが分かった。

　その数字はS&P500をベンチマークとするポートフォリオの直近12カ月のリターンだった。その数字は－25.41％だった。つまり、私の買おうとしている銘柄は、過去12カ月にわたってインデックスを25％も下回る程度のパフォーマンスだったわけである。市場が22.57％上昇しているときに、そのポートフォリオのトータル価値は2.84％下落していた。これ以上興奮することがあるだろうか。

　確かに、直近12カ月のリターンがマイナスの会社を見るかぎり（第11章の**図11.3**）では、市場の直近12カ月のリターンが22.57％のときに、12.79％の損失を出していたが、6カ月後、S&P500のリターンが12.48％のときに、同じ会社のリターンは17.89％になっていた。

　これはなぜなのか。過去20年にわたって、私はマイナスの数字を受け入れ、それを真実を見るための指標として使うことを学んできた。マイナスの数字は、上昇する兆しであり、好機到来を示すものなので

ある。これは直観に反することかもしれない。野球チームのドラフトに参加し、選ぶ選手がほぼ決まったときに、その選手たちのホームラン率が敵のチームの選手よりも25％も低いと言われたら、あなたはイライラしてくるはずだ。これが世間一般の考え方だ。これほど簡単なことはない。ホームラン率が低ければ、勝ちも少なくなる。でも本当にそうなのだろうか。

ノーである。

マイケル・ルイスは『マネーボール』（ハヤカワ文庫）で次のように述べている──「オークランド・アスレチックスの登録選手名簿は無名の選手たちのオンパレードだった。しかし、彼らはホームランの数は少ないかもしれないが、ほかのどのチームよりも走ることをあきらめず、相手に得点を許さず、エラーは少なく、一塁打や四球で多くの点数を稼ぐ。そして最も重要なことは、契約金が安く、彼らを駆り立てるのにお金がかからないことだ」（ジム・フィンクの「Moneyball and Value Investing：Variant Perception is Key to Success」──『インベスティング・デイリー』2013年11月15日を参照。http://www.investingdaily.com/18790/moneyball-and-value-investing-variant-perception-is-key-to-success/）。

私のスクリーン上の会社は最初の4つのフィルターをパスした会社だ。これらの会社は、オークランド・アスレチックスのもうスーパースターではないが素晴らしい選手たちのように、流行に取り残されこそすれ、素晴らしい会社だ。これらの選手も会社も魅力的ではないが、仕事をきっちりやり遂げた。野球や投資で重要なのは、魅力的に映ることは仕事をやり遂げることに比べればそれほど重要ではないということである。

2012年10月に私がスクリーンで見たものを見てみよう（**図12.1**）。

自信を高めてくれるようなものではないことは明らかだ。経済学を学ぶ中学1年生でも、これを見せられて、投資したほうがよいかどう

図12.1　直近12カ月のリターン

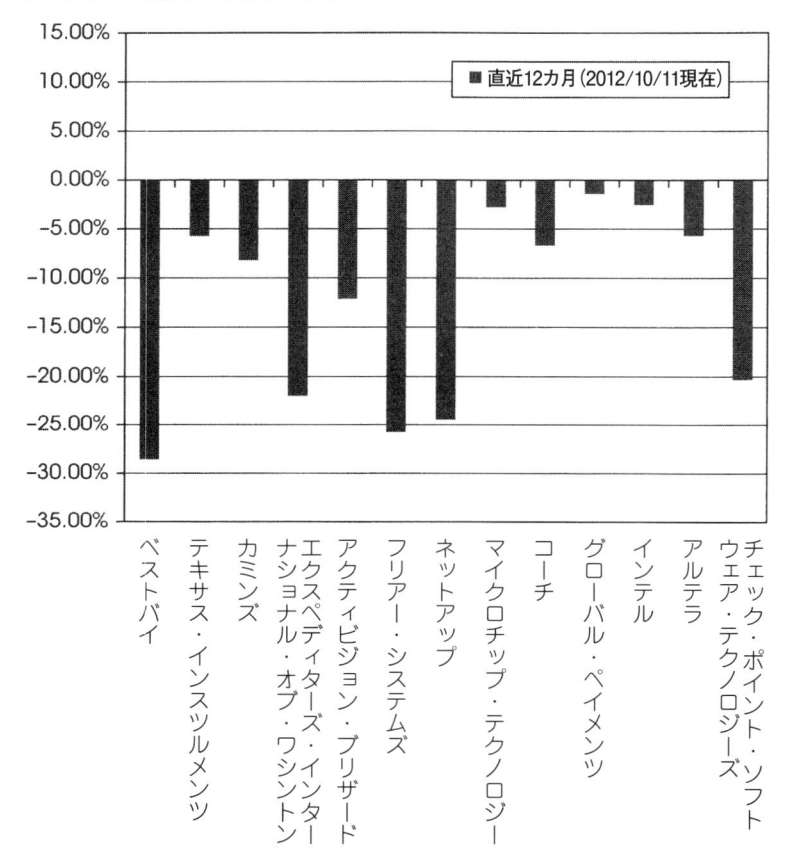

(棒グラフ：直近12カ月〔2012/10/11現在〕)

横軸（左から右）：
- ベストバイ：約-28%
- テキサス・インスツルメンツ：約-5%
- カミンズ：約-8%
- ナショナル・オブ・ワシントン：約-22%
- エクスペディターズ・インターナショナル：約-12%
- アクティビジョン・ブリザード：約-1%
- フリアー・システムズ：約-26%
- ネットアップ：約-24%
- マイクロチップ・テクノロジー：約-3%
- コーチ：約-7%
- グローバル・ペイメンツ：約-1%
- インテル：約-3%
- アルテラ：約-1%
- チェック・ポイント・ソフトウェア・テクノロジーズ：約-5%
- （最後）：約-20%

か聞かれれば、目を白黒させて歩き去ってしまうような代物だ。まったく醜いとしか言いようがない。あなたがこの会社のリストを見れば、きっと無視するはずだ。それは理解できる。これが人間の本質というものだ。個人の成績を見ればウィーティー（米国製のシリアル食品）の箱に顔が載らないことを納得させられるような野球選手のように、これらの株は疲れ果て、とうが立っているように見える。会社自

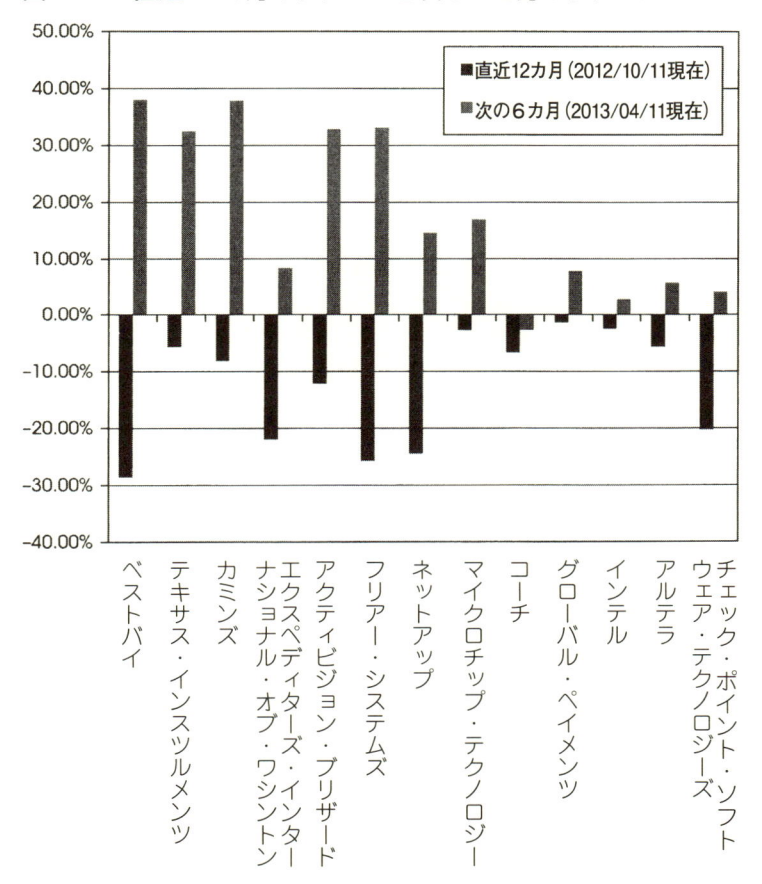

図12.2 直近12カ月のリターンと次の6カ月のリターン

■直近12カ月（2012/10/11現在）
■次の6カ月（2013/04/11現在）

（左から）ベストバイ、テキサス・インスツルメンツ、カミンズ、アクティビジョン・ブリザード、エクスペディターズ・インターナショナル・オブ・ワシントン、フリアー・システムズ、ネットアップ、マイクロチップ・テクノロジー、コーチ、グローバル・ペイメンツ、インテル、アルテラ、チェック・ポイント・ソフトウエア・テクノロジーズ

身さえも嫌悪感をもよおしたくなるかもしれない。ベストバイ？　レッド・バス・アンド・ビヨンド？　これらの会社は、インターネットの出現で消滅した会社の大ヒット作ビデオリストに載る運命にあるような会社だ。

簡単に言えば、これらの会社には魅力がない。

機会を示すインディケーターとして直近12カ月のパフォーマンスを

表12.1　図12.1からの反転劇

	直近12カ月	6カ月後
ベストバイ	−28.59%	38.09%
テキサス・インスツルメンツ	−5.74%	32.53%
カミンズ	−8.21%	37.92%
エクスペディターズ・インターナショナル・オブ・ワシントン	−21.97%	8.43%
チェック・ポイント・ソフトウェア・テクノロジーズ	−20.30%	4.09%
アクティビジョン・ブリザード	−12.13%	32.93%
フリアー・システムズ	−25.76%	33.17%
ネットアップ	−24.48%	14.66%
マイクロチップ・テクノロジー	−2.77%	17.01%
コーチ	−6.69%	−2.77%
グローバル・ペイメンツ	−1.41%	7.91%
インテル	−2.56%	2.80%
アルテラ	−5.68%	5.81%

注＝データはS&PキャピタルIQから入手

見れば、あなたはおそらくは逃げ出すだろう。しかし、私は、そして願わくばあなたも、これを一見するだけではなく、厳密なプロセスの最終審査として見たはずだ。直近12カ月のリターンは審査過程の最終フィルターを示している。私にとって、これは素晴らしい機会を示していた。**図12.2**は、翌年の4月に戦略を見直しているときのパフォーマンスを示したものだ。

　これらの会社を戦略に組み入れたとき、これらの会社に対する関心は低かった。ほとんどないと言ってもよいくらいだ。たたきのめされ、売ろうと思っていた人はすでに売っていた。しかし、6カ月後にはどうなったか。関心は高まっていた。だから私たちはこれらの会社を売って、また新たにスタートした。

　リターンが負の会社を戦略に組み込んだあとに起こった驚くべき反転劇を詳しく見てみよう（**表12.1**）。

　これらの会社を戦略に組み込んだとき、一般大衆の関心は低かった。

これは納得がいく。しかし、その後の6カ月にわたって（25銘柄の）ポートフォリオの価値は19.11％上昇し、S&Pのリターン12.48％を7％上回った。投資家としてあなたが自分に問うべきことは、一般大衆の意見はどれほどの価値があるのか、ということである。
　「彼らが間違っているのは明らかだ」とマークスはかつて言った。「群衆は市場が天井にあるときは楽観主義になり、底にあるときには悲観主義になる。したがって、天井での楽観主義には疑問を抱き、底での悲観主義にも疑問を抱かなければならない」（ハワード・マークスの『投資で一番大切な20の教え ── 賢い投資家になるための隠れた常識』［日本経済新聞出版社］を参照）。
　一般大衆の意見は意思決定を下すうえでの案内役になる。その新しい映画は面白いの？　その映画を見にいくかどうかを決める前に、すでに見た友だちに聞けばよい。一般大衆の意見はほとんどの場合、次に何が起こるのかを知るうえでの素晴らしいツールになる。選挙を決定づけるのは一般大衆の意見であり、ファッションや食べ物、ブランド化やマーケティングを操るのも一般大衆の意見である。
　5000万人のエルビス・プレスリーのファンは間違うことはない。一見したところでは、彼らは間違えなかった。
　しかし投資家にとって、一般大衆の意見はこれらとはまったく逆だ。嫌われる会社こそがあなたにとっての機会なのだ。人々が群がるような人気のある会社は、需要が価格を押し上げるため、避けるべき会社である。これほど簡単な経済学はない。
　こうした会社は驚くべき成長の可能性を持っている。理由は2つある。

●これらは構造的に健全な会社であり、52週安値戦略の最初の4つのフィルターをパスした。
●これらは人気のない会社だった。需要がなく、株価は本質的価値を

下回っていた。

　野球を見たことがある人なら、チーム随一の強打者が今スランプに陥っているという話は聞いたことがあると思う。「そろそろですね」とアナウンサーは言う。期待するファンのささやきのなかにもそれは聞かれる。つまり、この打者には実績があるため、今は打てなくても、いつの日にかホームランを打ってチームを勝利に導くとファンたちは信じているのである。

　私が今ここで言っていることは根拠のない期待と混同されやすい。でも、これらはまったく異なるものだ。52週安値戦略はホームランを打つ可能性はもちろんあるが、私たちが求めているのは、一塁打や四球やボークなのである。市場の予測不可能な構造のなかで、私たちは一貫性を求めているのである。私たちが使っているのはセイバーメトリックスだ。私たちは萎れた株が以前の栄光を取り戻すことなど期待してはいない。私たちが見つけようとしているのは、一貫したパフォーマンスの実績があり、健康であることが証明されているが、見落とされ、過小評価されている株である。それらがスランプにある株なら、機会はさらに拡大する。私たちがこれらの会社に期待するのは、ゲームを勝利に導くホームランを打つことではなく、2回の表でバントすることなのである。

　野球の例え話はさておき、重要なのは、まず良い会社を見つけ、そのなかからアンダーパフォームしているために過小評価されている会社を見つけだすことである。52週安値戦略はそのための戦略なのである。

　あなたにはこれらの結果を疑ってもらいたい。「信ぜよ、されど確認せよ」である。しかし、構造的に健全な敗者を受け入れるときには、その価値を理解してもらいたい。

　私は52週安値戦略は1年に2回見直す（大きな課税対象口座は年に

表12.2　2013年4月からの直近12カ月のリターン

銘柄	直近12カ月のリターン
アップル	−29.65%
アバゴ・テクノロジーズ	−2.00%
バイドゥー	−37.63%
チェック・ポイント・ソフトウェア*	−22.88%
ガーミン	−19.00%
インフォシス	−3.98%
スカイワークス・ソリューション	−15.18%
アルテラ	−7.51%
シトリックス・システムズ	−6.73%
EMC	−17.76%
F5ネットワークス	−42.79%
NVIDIA	−8.25%
テバ・ファーマスーティカル	−9.03%

* ＝この会社は2013年春にフィルターをパスしているが、戦略的に組み込まれたのは2012年秋から
注＝データはS&PキャピタルIQから入手

1回）。2012年10月に選んだ会社は、敗者の衣をまとった勝者だった。しかし、6カ月後の4月の見直しの時期にはどうなっただろうか。直近12カ月のリターンは悪夢と化していたのだろうか。それとも高いパフォーマンスを上げていたのだろうか。

それでは見てみよう。

表12.2は2013年4月の見直しで52週安値戦略に組み入れられた会社とその直近12カ月のリターンを示したものだ。**図12.3**を見ると、これらの会社の過去のパフォーマンスがいかに悪かったかが分かる。

2012年10月から2013年4月までの結果は外れ値だったのだろうか。このプロセスと戦略は再びこれらの期間と同様のリターンを上げることができたのだろうか。答えはイエスである（**表12.3**）。

見直しのあと、新しく組み入れられた銘柄の直近12カ月のリターンはS&P500を22.64％アンダーパフォームしていた。それから6カ月後、

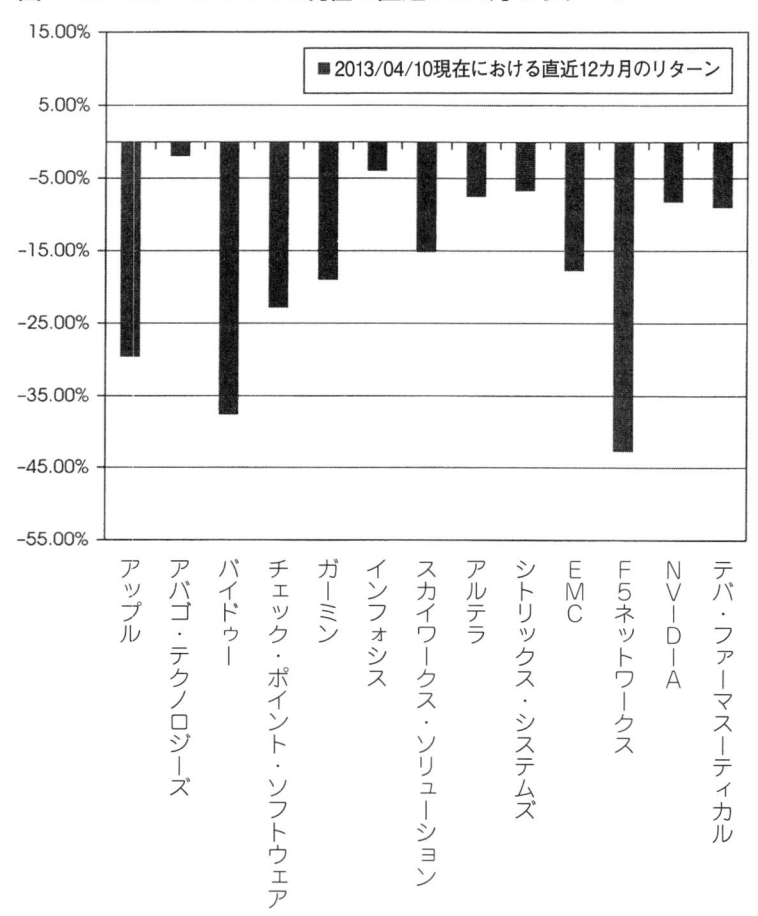

図12.3　2013/04/10現在の直近12カ月のリターン

■ 2013/04/10現在における直近12カ月のリターン

（横軸、左から）アップル、アバゴ・テクノロジーズ、バイドゥ、チェック・ポイント・ソフトウェア、ガーミン、インフォシス、スカイワークス・ソリューション、アルテラ、シトリックス・システムズ、EMC、F5ネットワークス、NVIDIA、テバ・ファーマスーティカル

注＝データはS&PキャピタルIQから入手

前と同じようにこれらの銘柄は市場をアウトパフォームした。この6カ月で、戦略に組み入れられた銘柄は14.5％というリターンを上げた。その間のS&P500のリターンは7.76％だった。

　直近12カ月のリターンが負の会社（**表12.3**と**図12.4**）を見ると、

表12.3　図11.7からの反転劇

	直近12カ月	6カ月後
アップル	−29.65%	13.87%
アバゴ・テクノロジーズ	−2.00%	24.43%
バイドゥー	−37.63%	70.05%
チェック・ポイント・ソフトウェア	−22.88%	19.95%
ガーミン	−19.00%	41.55%
インフォシス	−3.98%	−4.13%
スカイワークス・ソリューション	−15.18%	14.84%
アルテラ	−7.51%	9.73%
シトリックス・システムズ	−6.73%	−14.55%
EMC	−17.76%	9.16%
F5ネットワークス	−42.79%	21.55%
NVIDIA	−8.25%	21.13%
テバ・ファーマスーティカル	−9.03%	5.41%

注＝データはS&PキャピタルIQから入手

　市場の直近12カ月のトータルリターンが19.54％のときに、これらの会社の直近12カ月のリターンは−17.11％だった。しかし6カ月後、これらの会社のリターンは17.62％で、S&P500のリターンは7.76％だった。したがって、会社が戦略に組み込まれた時点では、これらの会社の直近12カ月のリターンは市場を36.65％アンダーパフォームしていたが、6カ月後には10％アウトパフォームしていたことになる。

　投資では保障されるものは何もないが、これらの結果は、以前はアンダーパフォームしていてもパフォーマンスが正に変わる可能性が高いことを示している。http://52weeklow.com/ からモーニングスターとエンピリトラージのバックテストデータを入手して、自分で調べてみてほしい。52週安値戦略は、戦略に加える前の1年間は市場をアンダーパフォームしていた銘柄のなかから勝者を見つけるための戦略なのである。

　なぜこれが重要なのだろうか。それは、アンダーパフォームしてい

図12.4 直近12カ月のリターンと次の6カ月のリターン

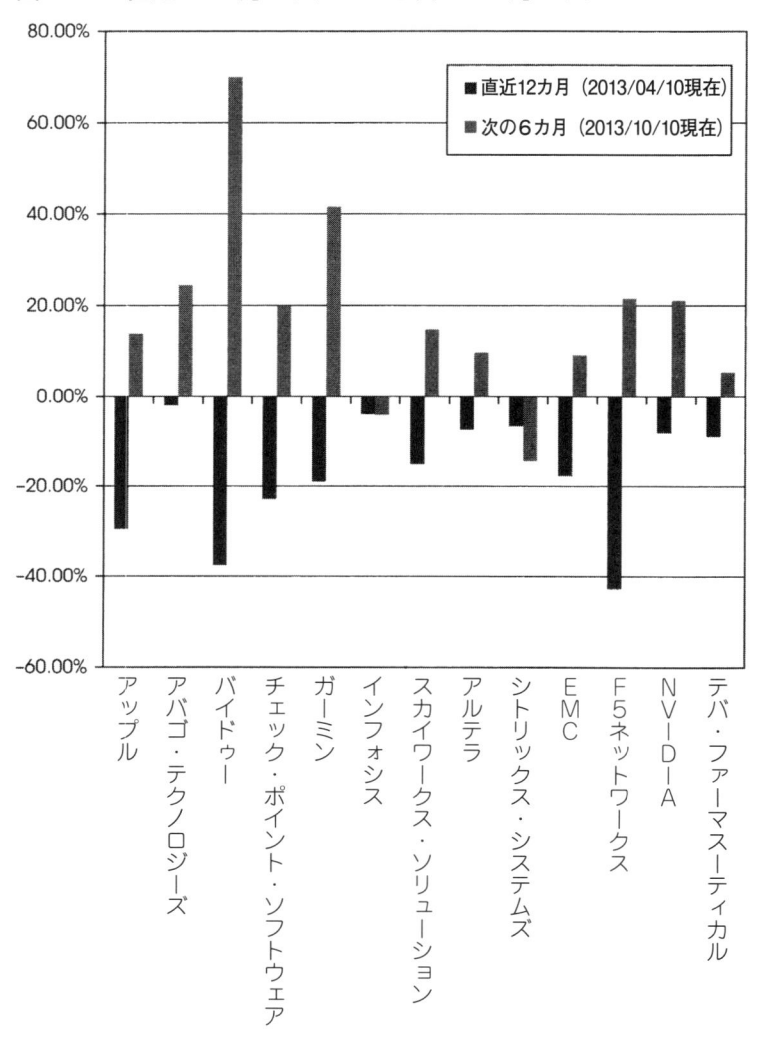

■ 直近12カ月（2013/04/10現在）
■ 次の6カ月（2013/10/10現在）

（横軸、左から右へ）アップル、アバゴ・テクノロジーズ、バイドゥー、チェック・ポイント・ソフトウェア、ガーミン、インフォシス、スカイワークス・ソリューション、アルテラ、シトリックス・システムズ、EMC、F5ネットワークス、NVIDIA、テバ・ファーマスーティカル

注＝データはS&PキャピタルIQから入手

た会社と過小評価されている会社を区別することが重要だからだ。過小評価されている株はアンダーパフォームしてきた会社であることが多い。アンダーパフォームしてきたから、過小評価されているとも言える。しかし、アンダーパフォームしているすべての株が過小評価されているわけではない。不安定で不健全だからアンダーパフォームしてきた会社もある。**52週安値戦略は、損を出し続ける会社と、損はしてきたが回復する可能性のある会社をふるい分けるためのものである**。重要なのは、この違いをしっかりと認識することである。5つのフィルターのうち4つ、あるいは3つのフィルターをパスしたので、回復する可能性が高いという考えに陥りやすい。これは恐怖に直面したときの希望だ。こうした合理化にはしっかり対処し、その正体を認識し、無視することが重要だ。フィルターの1つにさえパスせず、最安値で売買されている会社の場合、一般大衆のセンチメントが低い以上の理由が必ずあるはずだ。

　52週安値戦略はうまく機能するが、それはあなたがそれに厳密に従ったときだけである。つまり、5つのフィルターをパスした会社だけを選び、5つのフィルターは直近12カ月のリターンが負でもそれを機会へと変える力があると信じることが重要だということである。赤字の数字や損失ばかりを見るのは最初はしんどいかもしれない。でも、私のように、直近12カ月の損失を受け入れ、それに興奮するようにならなければならない。

　前にも述べたように、これはちょっと加虐的なことかもしれない。一般大衆の逆を行き、他人が見捨てた機会を見つけることは、痛みや心地悪さを伴う。しかし、こうした痛みや心地悪さは見せかけであって、それらは本当は論拠という服で変装した感情なのである。プロセスに従い、戦略に従い続けることが重要だ。データ、時間、結果は、不断の努力が価値あるものであることを証明してくれるはずだ。

第13章
選択的知覚と確証バイアス
The Problem with Selective Perception and Confirmation Basis

> 「何も知らない人のほうが、心がウソや間違いで満たされた人よりも真実に近い」——トーマス・ジェファーソン
>
> 「人は理論を形成するとき、その想像力はあらゆるもののなかでその理論にとって有利に働く特徴のみを見る」——トーマス・ジェファーソン

ヤコビの逆転の発想——ニュースを見たり、研究報告を読んだり、専門家の話を聞いたり、アナリストと会うとき、私の今の信念に一致する洞察のみを信じる。なぜかというと、これは自然なことで、しっくりもくるし、私の信じていることが正しいと確信できるものだからだ。私の信念を変えてしまうようなデータや事実や洞察などを見る必要があるだろうか。

　私たちは自分たちのことを客観的だと思いがちだ。投資の意思決定をするときは特にそうだ。感情にとらわれずに、冷静で合理的に証拠をみることができると思っている。しかし、実際にはそうではない。経験や偏った考えに基づくバイアスの影響を受けた期待を排除し、何が見えるかを予想することなく完全にあるがままの姿で何かを見ることはできないのが普通だ。

　この週末の天気を知りたいとしよう。2人の人が並んで立っている。1人は旧友で、大好きで尊敬もしている人だ。もう1人は、どういうわけだか私の嫌いな人だ。彼はライバルで、私をイライラさせるし、気持ちを逆なでする。私は2人に近づき、「今週の週末、天気はどうなると思う？」と尋ねる。私は息子のジェイクをサッカーの試合に連れて行きたいと思っている。

友人が言う。「素晴らしい快晴になるって聞いたよ。試合を見に行くには最高だね」

私のライバルが言う。「ナショナル・ウェザー・サービスによると、土曜日は雷雨になるそうだよ」

私はどちらを信じるだろうか。友人の話を信じる確率のほうが圧倒的に高い。理由はいくつかある――①友人は私の知っている人で、信用し、高く評価している人である、②友人の言ったことは私の希望に一致する。私は息子とサッカーの試合を見に行くことを期待して、2人に質問している。

2人の言ったことをもう一度見直してみよう。友人は、「素晴らしい快晴になると聞いた」と言ったが、ライバルは「ナショナル・ウェザー・サービスによると」と言った。もし私がすべてのバイアスと期待を排除して、完全に客観的に質問したとすると、ライバルの答えのほうが信頼できるのは明らかだ。ライバルよりも友人のほうを信じるように導いているのは、情報の質ではなく、外的要素である。

これを「選択的知覚(偏った見方)」という。客観的なリサーチでさえ、知らず知らずのうちに、選好、バイアス、願望に汚染されているのである。選択的知覚は、週末の計画だけでなく、投資戦略やほかのさまざまな仕事も台無しにする可能性がある。信じられない？　ではバターを考えてみよう。長年にわたって研究が重ねられた結果、「バターはあなたの健康にとって良くない。だから、食べてはならない」という結果が出たとしよう。どの研究を見ても、バターは健康上良くないという結果が出ているが、ビザロ・ワールド(DCコミックの世界の惑星)では、バターは良いもので健康にも良い、と言われている。私はなぜ後者のほうを信じてしまうのだろうか。なぜなら、私はバターが大好きで、バターを食べたいからだ。私は意識的か無意識かは別として、私がバターを食べることを正当化する情報を求めているのである。

第13章 選択的知覚と確証バイアス

　選択的知覚は人間の本質であり、完全に排除することはできない。これを最もよく言い当てているのは、米国元副大統領、チャールズ・カーティスの次の言葉だ――「バイアスと偏見は排除すべきものではなく、うまく付き合っていくべきものだ」。あなたからバイアスを取り除くことはできない。バイアスはあなたをあなたたらしめているものの一部なのである。重要なのは、その存在を認識し、あなたの考えがバイアスの影響を受けていないかどうかをチェックすることである。

　例えば、あなたの友だちがある投資を勧めてきたとする。それを自分で確認したいのなら、あなたは自分で調べるはずだ。こうした確認の機会を利用して、あなたの思考を形成するうえで選択的認知がどういった役割を果たしているのかを知ることで、選択的知覚の落とし穴にはまらないようにすることが大事だ。ロナルド・レーガン元大統領はこのことをよく理解していた――「信ぜよ、されど確認せよ」。

　選択的知覚を克服する方法の１つは、投資の意思決定をするとき、あなたが信頼している人にあえて反論してもらうことである。最良のリーダーや投資家のなかには、その有力な投資が実を結ばないあらゆる理由を見つけるチームメンバーを抱えている人もいる。この種の関係はチャーリー・マンガーとウォーレン・バフェットの間にも見られる。彼らは明確な思考の可能性をできるだけ拡大するためにこうした関係を築いているように思える。

　うれしいことに、私はこの関係をパートナーで弟のザックと築いている。彼には私の考えにあえて反論する機会を与え、私の考えの間違いを指摘してもらうのだ。彼は私の考えを反証するデータを見つけてくることもあれば、私の情報や理論についていろいろと聞いてくることもある。こうした関係はクライアントと彼らの金融アドバイザーとの間にも築くことができる。対象となっている投資のデメリットを探していると、その投資が価値のあるものなのか、不十分なものなのか

についての真実が見えてくるのである。

　冒頭に挙げたトーマス・ジェファーソンの名言「人は理論を形成するとき、その想像力はあらゆるもののなかでその理論にとって有利に働く特徴のみを見る」を読み直すと、私たちは自分の信念や世界に関する感情、今の環境に一致する情報を求める傾向があることを改めて思い出させてくれる。52週安値戦略の25銘柄を選ぶとき、私はアナリストの買い推奨や売り推奨はまったく無視するが、それはこれらの推奨が私の判断を曇らせることを知っているからだ。かといって、アナリストのリサーチをまったく無視するわけではない。アナリストのリサーチで最も重宝するのは、その会社の市場での競争力を判断するうえで貴重な材料を与えてくれることだ。この情報はその会社が長続きする競争優位性（52週安値の公式のフィルター１）を持っているかどうかを判断するうえで非常に役立つ。

　52週安値戦略を使う目的は、今はあまり状態が良くなくても、株価が52週安値近くにある健全な会社を見つけることである。株価が52週安値の近くにある銘柄があったとすると、その銘柄は良いニュースが取り上げられることが多く、アナリストから買い推奨が出されている銘柄だろうか、それとも悪いニュースが取り上げられることが多く、ニュートラル、ホールド、あるいは売り推奨が出されている銘柄だろうか。もし株価が安く、ほとんどの投資家がそうであるようにコンセンサスが負であることをバロメーターにするのであれば、私は買うべき株を買わないことになるだろう。成功する投資のルールは、安く買って、高く売ることであることを思い出そう。安く買ったとき、その投資にまつわるニュースは良いニュースだろうか、悪いニュースだろうか。

　フォーブスは「How Warren Buffett Avoids Getting Trapped by Confirmation Bias」と題する論文を発表した（ロジャー・ドゥーリーの「How Warrren Buffett Avoids Getting Trapped by Confirmation

Bias」──フォーブス2013年5月7日を参照。http://www.forbes.com/sites/rogerdooley/2013/05/07/buffett-confirmation-bias/)。そのなかでバフェットは次のように言っている。

> チャールズ・ダーウィンは、自分が好む結論を否定するものにぶつかったときには、30分以内に新しい発見を書くことを義務づけている、とよく言っていた。でなければ、体が移植を拒絶するように、彼の心は彼の好む結論と一致しない情報を拒絶するように働くからだ。人間には信念に固執するという自然な傾向がある。その信念が最近の経験によって強化されるときは特にそうだ。ブル相場が長く続き、そのあと横ばいが長く続いたとき何が起こるかを考えると、私たちの心の欠点が見えてくる。

バフェットは、私たちは数が多いと安心する傾向があることを言いたかったのである。私たちはトレンドが続くと安心する。これを確証バイアスという。これは不完全あるいは不確かな情報に基づく意思決定につながる。「5000万人のエルビス・プレスリーのファンは間違えることはない」という諺があるが、5000万人いるからと言って、彼らが必ずしも正しいことにはならない。世界中の人々がアップルを買ったからと言って、アップルを買うことが必ずしもベストな判断ということにはならないわけである。

あなたの知り合い全員があることに同意し、あなたもそれに従いたくなったら、そのときこそ最も批判精神を発揮し、自分の前提や信念を疑ってかかり、再確認が必要になるときだ。そうすれば、あなたはエルビスが好きではないことが分かり、アップルはあなたの投資戦略にはふさわしくないことが分かってくるのである。

52週安値戦略は確証バイアスとは正反対のものだ。5つのフィルターは一般常識を疑うことを私たちに強要する。公式が依って立つプ

ロセス──望む結果の逆から問題を解くヤコビのプロセス──さえ、投資の一般に認められたルールを疑うことを私に強要する。私は今日までずっとこれを続けてきた。あなたにも同じことをしてもらいたい。私のアプローチに疑いを持ち、私の考えに疑いを持ってもらいたいのである。

　マーク・トゥエインはかつて次のように言った──「自分が大多数の側にいることを発見したら、立ち止まって考えるときである」。彼は正しかった。彼は、世界は反対派が多ければ多いほど良い世界になると信じていただけでなく、大部分の人に共有される信念や感情は自己満足につながり、自己満足は進歩と成功の障害になることを理解していたのである。

第14章
本書のまとめ
Putting It All Together

ヤコビの逆転の発想── 投資で成功するチャンスを限定するために、私がやることは次のことだ── 戦略を持たない、場当たり的に行動する、感情的な意思決定をする、私の考えに一致するデータを探す、規律を持たない、一般大衆に従う、高値を更新した銘柄に投資する、将来的に何をすべきかを「専門家」の言葉に従って決める。

NYSE（ニューヨーク証券取引所）にはおよそ2800の企業が上場しており、ナスダックにはおよそ5000の企業が上場している。株価は絶えず上下している。太陽よりもホットな株もあれば、絶滅寸前まで下げている株もある。すべてのデータを読んで、将来を予測しようとしても、骨折り損でしかない。だれも── だれ一人として──、将来を予測できる者などいないのだから。だから、投資するときにはこれまでどおりの手法に甘んじろと言っているわけではない。

ほとんど投資家は投資信託やインデックスファンドに走る。未知のものは怖くて、みんなで渡れば安全だからだ。投資には認知容易性（コグニティブ・イーズ。心のなかに安らぎや快適さが生まれる効果。しかし、この効果が働きすぎると直観に依存しやすくなり、いざというときに正しい判断ができなくなってしまう）が付き物だ。特に代替がうまくいかなくなると、自分の経験や勘で判断し、デイトレーダーに

遅れずに付いていこうとする。しかし、本書から学ぶことがあるとすれば、物事にはほかの方法がある、ということである。リスクを低減するしっかりとした原理に基づいて賢い投資をすることで、市場をアウトパフォームする機会をとらえる方法があるのである。よく検証された経済的戦略原理に基づき、ヒストリカルデータによって裏づけられ、真の価値に基づいて機会を見つけるための一連のフィルターがそれである。52週安値の公式は、手っ取り早く利益が得られるような安い株を見つけるのが目的ではない。それはシステムであり、投資から推測を排除し、投資を難しくし失望させるような人間の行動――例えば、恐怖、群れの行動、仲間からのプレッシャー、不確実性――の影響を排除するプロセスである。

52週安値の公式を構成する5つのフィルターは、私の成功だけでなく、あなたのようにお金を投資するもっと良い賢明な方法を探している私の顧客にとっても、良い意思決定をするうえでの基本なのである。

フィルターのおさらい

フィルター1 ── 長続きする競争優位性

長続きする競争優位性を持つ会社は、本質的にも地位的にも、張り合うのが難しい会社だ。こういった会社は、参入障壁が非常に高く、競争が困難な独特の業界に属していることが多い。例えば、砂利採掘業界がそうだ。このビジネスに参入するのは難しく、お金も時間もかかる。新規参入者はすでにこの業界にいる企業に脅威を与えられるほど早く利益を出すことができないので、既存企業は新規参入者からは保護されている。

これらはニンビー企業だ（廃棄物処理施設などの好ましくないものを他所に設置するのはよいが自分の近所には絶対いや）。ほとんどの

市区町村は新たなゴミ廃棄施設を許可しない。これが大きな競争優位性を生む。砂利採掘場などの廃棄処理会社は、自分の近隣には建設してほしくないものだが、人間の活動にとっては重要なものだ。したがって、こういった会社は社会の嫌われ者として、堀をエンジョイできるのだ。

　また、顧客が離れるのが難しい企業もある。銀行は顧客が競合に流れるリスクを低減するために、口座振り込みやウェブの自動引き落としサービスを提供している。ほとんどの顧客は、既存の銀行にウェブ自動引き落としを設定していれば、銀行を変えることに興味はない。自動引き落としをほかの銀行に変えるのは手間がかかるからだ。切り替えコストが高くつくため、銀行は競争する必要はなく、ADPやペイチェックスのような給与支払事務代行会社は高い利益率を維持できるのである。

　自動車会社や航空会社はどうだろう。彼らはニンビーではなく、切り替えコストも低い。これは顧客にとってはうれしいことだが、会社の経済にとっては大打撃だ。

　幅広い顧客に深く浸透し、新規参入者が参入するのが難しいあるいは不可能な会社もある。ビザやリッチー・ブラザーズ（機械オークション会社）が強い競争の堀を維持できるのはこのためだ。

　また、顧客や規制当局が価格づけにほとんど影響力を持たない会社がある。一方、長続きする競争優位性を持っているように見える会社や業界が、実は競争優位性を持っていないということはよくある。鉄鋼業界などがそうだ。世界にはそれほど多くの鉄鋼メーカーは残っていない。特に西洋諸国はそうだ。しかし、アメリカの鉄鋼メーカーの場合、これまで政府の規制によって価格を上げざるを得なかった。したがって、鉄鋼を購入する会社はもっと安い価格で海外から同等品を買うことができることになった。このように顧客が海外のほかの安いメーカーから鉄鋼を購入したり、政府による規制があったりで鉄鋼価

格はこういうものの過剰な影響を受け、価格は上下動するため、ほとんどのメーカーは長続きする競争優位性を持つことはできない。

その会社が属している業界や立場を理解することは、その会社の潜在的価値を理解するのに不可欠だ。52週安値の公式に組み入れる銘柄を決めるうえで、長続きする競争優位性を調べるのはきわめて重要だ。

フィルター２ ── フリーキャッシュフロー利回り（安全域）

52週安値の公式に当てはまる会社を見つけるとき、株価だけでなく、事業主の視点でその会社の価値を見ることが重要だ。その会社にただ単に投資するのではなくて、買おうと思った場合、それは買う価値のあるものだろうか。資産も負債もひっくるめてその会社を丸ごと買えば、10年物Ｔボンドに投資するよりもはるかに多くのお金を儲けることができるだろうか。

私はこの業界で15年働いてきたが、その間、特定の株に肩入れする顧客や同僚をたくさん見てきた。例えば、アマゾンを考えてみよう。この会社は、本から食器洗い洗剤に至るまであらゆる物を売って市場を独占してきたｅコマース大手だ。2014年１月24日現在のアマゾンのフリーキャッシュフロー利回りを知っているだろうか。アマゾンの株を買えば、10年物Ｔボンドの無リスク利子率よりも多くのフリーキャッシュフロー（FCF）を稼げると思っているだろうか。

信じるかどうかは別として、2014年１月24日現在の10年物Ｔボンドの無リスク利子率が2.75％だったのに対して、アマゾンのフリーキャッシュフロー利回りは0.224％だった。Ｔボンドを買えば、アマゾンの株を買うよりも12倍も多いフリーキャッシュフローが手にできたのである。

人気のあるグローバルな会社に興奮することと、その会社をもう少し深く調べてみて、巨額の利益と市場シェアを誇ってはいるが、その

会社全体が生みだすフリーキャッシュフローが、おばあちゃんがあなたの誕生日に買ってくれたTボンドよりも少ないことを認識するのは別問題だ。

フィルター3 ── ROIC

　その会社はCOC（資本コスト）以上に稼いでいるだろうか。なぜこの指標が重要なのだろうか。COCはその会社の投資家が彼らの投資に対して要求するリターンだ。もしその会社の生みだすROIC（投下資本利益率）が要求するリターン（COC）よりも低ければ、投資家は最終的にはその会社に背を向ける。そしてその会社は消滅するか、解散するか、ものすごい安値で競合に買い叩かれるかのいずれかになるだろう。

　良い業界にいる良い会社は、彼らのお金を使ってより多くのお金を生みだす。これほど簡単なことはない。彼らは資本をプロジェクト──事業拡大、設備、製品──に投資して、彼ら（広く見れば投資家としてのあなた）により多くのお金をもたらすのである。

　COCを上回るROICの重要性と、なぜそれが長続きする競争優位性を持った企業を見つけるのに役立つのかを議論する白書や本はたくさんある。もし会社が長続きする競争優位性を持っていなければ、余剰ROICは競争に費やされ、やがてはROICはCOCに等しくなる。

　信用できる経営も重要だ。会社がその会社のお金を増やすことができるかどうかは、優れたリーダーシップ、経営力、業界の経済にかかっているといっても過言ではない。少しばかりお金が増えるのでは不十分で、お金は大量に増やさなければならない。そのためには収益を増やす新たな機会が必要だ。その機会はうまく利用すれば、長期的な価値の増大につながる。最新の流行に従いたい衝動に駆られるかもしれないが、その会社が株主利益を増加させているかどうかを知るには、

ROICのようなフィルターを見ることが重要なのである。

フィルター４ ── 長期負債対フリーキャッシュフロー比率

　その会社は長期負債を、人々が車のローンを払い終えるよりも早く返済することができるだろうか。
　フィルター１、フィルター２、フィルター３をそれぞれパスした会社は、次の３年にわたって正のフリーキャッシュフローを生みだすことができる可能性が高い。３年以上先のことは分からない。成功した投資家の多くは長期負債を５年以内に返済できるかどうかを見ることが多いが、私たちは大きな安全域を確保するために３年以内に返済できるかどうかを見る。
　長期負債が少ないかまったくない会社が倒産することはまずない。過去を振り返ると、景気後退に陥ったときに競合の買収に乗り出す会社、あるいは市場シェアの拡大に乗り出す会社は、負債の少ない会社であることが多い。本書でも以前議論したように、優れたバランスシートを持つ会社は将来の見通しが利かないときでも株主にダウンサイド・プロテクション（下値を支える力）を提供することができるのである。

フィルター５ ── 52週の安値

　これが52週安値戦略の最後のフィルターであるのには理由がある。NYSEの2800以上に上る上場会社のうち、おそらく95％は最初の４つのフィルターで振るい落とされる。残った会社は、良い状態にあり、最悪の時期に備えてうまく経営され、お金を賢く投資し、永続する価値を投資家に提供することができるような構造の会社だ。では、あなたが投資する会社は最終的にはどのように選べばよいのだろうか。

それは、短期で最高のリターンを提供できる可能性を持つ会社を探せばよい。良い会社、偉大な会社でもスランプに陥ることはある。スランプに陥るにはさまざまな要因がある。スランプとは、基本的に強い会社を少しだけ打ちのめすような問題が発生することを言う。最後のフィルターの目的は、こういった会社を探すことである。問うべきことはただ１つ ── その会社は52週の安値近くで売買されているか。

　52週安値の株について人々が話をするとき、彼らが話しているのは、ペニー株のような安い株である。私や私の顧客たちは、最安値の株を買うことには興味はない。私たちが見つけたいのは、短期間のうちに投資信託やインデックスファンドよりも高いリターンを生みだす可能性のある会社である。今はスランプに陥っていても、カムバックする可能性のある会社を見つけたいのである。52週安値の公式は、1934年にベンジャミン・グレアムとデビッド・ドッドが書いた『証券分析』（第１版）の口絵に書かれている精神を具体化したものである。

「失意のどん底にある者はやがてよみがえり、得意の絶頂にある者はやがて落ちる」 ── ホラティウスの『詩論』より

　これはいくら強調してもしすぎることはない。52週安値の公式は、良い価格を見つけるためのものではなく、価値をもたらす真の機会を見つけるためのものである。株式の絶対価値は相対価値 ── ヒストリカルパフォーマンスと比較したときのパフォーマンス ── に比べるとそれほど重要ではない。良い会社の株価は１ドルのときもあれば、350ドルのときもあるが、こういった数字は重要ではない。重要なのは、今の価格と前の年の価格との関係である。

　そして５つのフィルターをすべてパスした会社が、52週安値の公式を構成する25銘柄になる。なぜ25銘柄なのだろうか。それはあなたの賭けをヘッジするためである。52週安値の公式のフィルターを使って

1つの会社を選ぶこともできるが、本書の冒頭に書いたことを思い出そう。だれも将来を予測することはできないのだ。卵を全部1つのかごに入れるのはリスクが大きすぎる。どんなに偉大な会社でも、6カ月以内に潜在的価値を発現できない場合もあるのである。CEO（最高経営責任者）が心臓発作を起こして死んでしまったり、運送用コンテナが海に落ちたり、サプライチェーンの遅れによって製品の立ち上げが遅れることもあるわけである。構造的に健全な会社でも、トラブルに見舞われることはたくさんあるのである。複数の会社を選んで投資することは安全策になる。25銘柄は価値を生成する準備はできているかもしれないが、すべての会社が同時に準備できているわけではないかもしれない。52週安値の公式は、1つの会社の不足分を同じような潜在的価値を持つほかの24社で補うことで、この問題を回避することができる。こうすることであなたのお金は守られ、夜、安眠することができる。

あなたの役割

　52週安値の公式は、下落相場にかかわる機会を減らすと同時に、長期的に市場をアウトパフォームする機会を増やすのに役立つ偉大なツールだ。あなたのお金をどう投資すればよいのか賢い意思決定を下すことを助けてくれるもので、常に見直す必要のある戦略だ。しかし、52週安値の公式を構成するものは、上に述べた5つのフィルターだけではない。このプランの最大の変数は、個々の会社の利益や損失ではなく、複数企業の利益や損失でもなく、本書を読んでいる読者自身である。
　52週安値の公式で成功を手にするためには、投資家としてのあなたに要求されることがいくつかある。

●**規律**　利益や損失にかかわらず、投資を6カ月ごとに見直すこと。投資で最も難しいのは、勝者と別れることや、フィルターの1つでもパスしなくなったら損切りすることである。良い会社なら必ずカムバックする。ただし、そのカムバックには長く乗りすぎないことが重要だ。52週安値の公式に見合う価値のある会社を探し続けるためには、新たな機会を定期的に探すことである。

●**恐怖からの解放**　私たちはだれでもバイアスを持っているし、恐怖も持っている。私たちはだれでも群れに加わりたいという願望に屈し、世間に遅れを取ってはならないと思ってしまう。あなたの親友はアップルで大儲けしている？　そんなことは無視することだ。テレビのキャスターが新しくIPOした会社を絶賛している？　そんなチャンネルは変えてしまえ。新しい製品でうまくいきそうな会社に大金をつぎ込んで、にっちもさっちもいかない状態？　そんなものは売ってしまって、先に進もう。もう血を流すのはやめよう。価値を見つけるためのプロセスに集中せよ。そうすれば結果はおのずとついてくる。

　これはかなり難しい注文だ。特に、24時間ニュースが流れ、デジタルメディアの影響を受けている今の時代にはこれはかなり難しい。賢い投資とは、流行や最新のトレンドに従うことではない。恐怖や不安の正体を知り、それらを克服し、原理を信じる勇気を持つことである。

●**勇気**　あなたが本書を読んでいるのは、おそらくは投資の違った方法を探しているからだろう。あなたの本能とリサーチが、あなたは投資をこれまでよりももっとうまくやれるに違いないと言っているからだろう。まずはあなたの本能に拍手を送りたい。それは私が15年前に感じたのと同じ本能だ。もっとよい方法があるはずだと私は漠然と思っていた。しかし、直感がどんなに正しいと思っても、既知の世界から未知の世界に飛び出すのは難しいものだ。みんなの意

見に従うことで大きな見返りを得られる業界にあって、人と違うように考えることは、とてつもなく大きな勇気が必要だった。しかし、振り返ってみると、自分の本能に従って新しい道を切り開こうとするその勇気が、私の人生と、私に付いてきてくれた顧客の人生を一変させたのである。

最初は難しいかもしれない。でも、試してみる価値は必ずある。52週安値の公式は私にインスピレーションを与えてくれ、もっと良い道を切り開くためにはデータに基づくアプローチが重要であることを教えてくれた。あなたにとってもそうなることを信じてやまない。
　まずは第一歩を踏み出そう。

あとがき

　人間の予想は当たらない。でも、私たちは占い師に私たちの将来を占わせる。投資の世界ほど予測の影響を受ける世界はおそらくはほかにはないだろう。これは、私たちが投資の意思決定をするときに感情が入ってしまうというのが１つの要因だ。定年退職に向けて十分な蓄えはあるだろうか。すぐに金持ちになれるだろうか。すべてを失ってしまうのだろうか。思考から感情を取り除くのは難しく、プロセスから直感を取り除くのも難しい。そしてこれが悲惨な結果を招くことになる。

　私たちは投資予測に絶対的な確信を持っている人を尊敬のまなざしで見てしまいがちだ。彼らは私たちよりも多くのことを知っているに違いないと思ってしまう。その予測に従って投資し、実現する保証のない予測に従ってリスクをとる。これは人間の本質だ。しかし、本質だからと言って防げないわけではない。

　本書を読んできた読者は、私が将来的に何が起こるのかを知っているという感覚を抱いてしまうかもしれないが、私には将来何が起こるかなんて分からない。私が尊敬し、本書で引用した人々にもそんなことは分からない。ジェームズ・モンティエ、ハワード・マークス、ブルース・バーコウィッツ、ベンジャミン・グレアム、チャーリー・マンガー、ウォーレン・バフェットにも、明日何が起こるかなんて分からないのだ。成功した人々や私が理解していることは、明日何が起こるかを予測することには価値はない、ということである。願わくばあなたにもこのことを理解してほしい。唯一価値のあるものは、何が起こってもよいように備えることである。

　52週安値の公式はまさにそのためのツールだ。公式があって、レシピがあって、アプローチがある。家で料理をするとき、レシピに従っ

て料理をし、一定の結果を期待する。パンは膨らみ、肉はよく焼け、野菜は完璧な仕上がりになることを期待する。こういったことが期待できるのは、レシピが実証済みだからだ。しかし、いくらレシピが実証済みだからといって、肉がよく焼けるという保証はない。オーブンのサーモスタットが壊れているかもしれないし、小麦粉の状態が悪かったかもしれないし、肉が凍っていたかもしれないし、野菜は古かったかもしれない。レシピは海抜ゼロ地点を基準に書かれたものだったのかもしれない。でもあなたがいるのはロッキー山脈だ。あるいは、電話が鳴って、かき混ぜるのを忘れたかもしれない。肉がうまく焼けない理由はいろいろある。レシピが悪いのだろうか。それは違う。レシピは株式の公式や投資戦略と同様に、望む結果を目指すための道筋であって、結果そのものではないのである。

　2008年の株価大暴落があれほど大きな影響を及ぼすとは、私には想像もつかなかった。ドットコムが崩壊すると何が起こるのか、分かっていた人もいない。しかし、1990年代の終わりにウォーレン・バフェットがハイテク株を買わず、10年後に私が不動産株を買わなかったように、賢明な投資家たちは備えをすることで大きな失敗を回避する。52週安値の公式はまさにそのためのものである。52週安値の公式がうまくいかないときももちろんあるだろう。リストに載った会社のなかには買ってから6カ月以内に回復しないものもあるだろう。しかし、ほとんどは回復するように思えるし、実際に回復した。回復しないと思う理由などない。でも、私は1銘柄だけではなく一度に25銘柄を選ぶ。これはフィルターをパスした過小評価された会社が利益を出さないこともあるという現実に備えるためだ。

　重要なのは、うまくいくことを利用するために、うまくいかないことを考慮した戦略を持つことである。私は占い師ではない。水晶の玉も持っていない。もしそんなものがあったとしても、文鎮代わりにしかならないだろう。

本書の第1章では、ジョン・ケネス・ガルブレイスの言葉を引いた——「経済予測の唯一の役割は、占星術がマシに思えるようになることくらいだ」。これはどういったことにも当てはまる。この言葉からくみ取ってもらいたいのは、「投資するときには予測に頼ってはならない。一般通念に疑問を抱き、もっと良い道を模索することで不確実な未来に備えることが重要だ」ということである。

　長期的視点に立ち、何事も思いどおりにはいかないことを認識することで、このゲームで成功する確率は高まるのである。予期せぬ失敗に備えよ。あなたの考えに疑問を抱くことを恐れない人々の意見を求めよ。

　私の考えにも疑問を持ってほしい。

　「信ぜよ、されど確認せよ」だ。

　「逆だ、いつでも逆から考えるんだ」——この言葉を忘れないでほしい。

注意点

　本書は、本書の主題について役立つ情報を提供することを目的とするものである。著者も出版社もプロのサービスを提供するものではないことを理解したうえで本書を買ってもらいたい。
　本書では最も意味のある参照資料を使うように最大限の努力をしているが、参照用に使った情報、製品、サービスは正確さ、信頼性、完全性を保証するものではない。読者にとっては興味のない参照資料も含まれていることがあることをご容赦願いたい。
　本書は、個人的な金融あるいは投資アドバイスとして受け取るべきものではなく、特定の証券、ファンド、金融商品の売買を推奨するものでもない。不正確さや間違いに対して、著者や出版社は何らの責任も負わない。投資の意思決定をするときには、公認の投資アドバイザーやディーラーに相談してアドバイスをもらってほしい。
　読者が取った行動、あるいは取らなかった行動に対して、著者はいかなる責任も負わない。本書で述べられたあるいは提供された情報を信用することで弊害がもたらされても、だれも責任を負うことはない。読者が本書にある情報を使っても、読者とその情報の提供者の間にはいかなる契約関係も発生しない。著者も出版社も、個人的かどうかは無関係に、本書の内容を使用して直接的および間接的結果として発生するいかなる債務、損失、リスクに対する責任も拒否する。

■著者紹介
ルーク・L・ワイリー（Luke L. Wiley）
公認ファイナンシャルアドバイザー、チャーター退職計画カウンセラー。オハイオ州シンシナチに拠点を置くUBSファイナンシャル・サービスのワイリー・ウェルス・マネジメント上級副社長。2012年、顧客の保持・獲得で7000人のUBSファイナンシャルアドバイザーのトップ10に選ばれ、ほかのウェルスマネジャー、ファイナンシャルプランナー、投資マネジャーたちに対する戦略指南を依頼された。彼の投資戦略と人生への取り組み方は、カール・グスタフ・ヤコブ・ヤコビの「逆だ、いつでも逆からやるんだ」という言葉に象徴される。52週安値近くにある会社のなかから魅力的な投資機会を見つけるという考え方は、セス・クラーマンの本からヒントを得た。

■監修者紹介
長尾慎太郎（ながお・しんたろう）
東京大学工学部原子力工学科卒。北陸先端科学技術大学院大学・修士（知識科学）。日米の銀行、投資顧問会社、ヘッジファンドなどを経て、現在は大手運用会社勤務。訳書に『魔術師リンダ・ラリーの短期売買入門』『新マーケットの魔術師』『マーケットの魔術師【株式編】』（いずれもパンローリング、共訳）、監修に『高勝率トレード学のススメ』『フルタイムトレーダー完全マニュアル』『システムトレード基本と原則』『ラリー・ウィリアムズの短期売買法【第2版】』『コナーズの短期売買戦略』『続マーケットの魔術師』『バリュー投資アイデアマニュアル』『コナーズRSI入門』『スーパーストック発掘法』『出来高・価格分析の完全ガイド』『40兆円の男たち』『遅咲きトレーダーのスキャルピング日記』『アメリカ市場創世記』など、多数。

■訳者紹介
山下恵美子（やました・えみこ）
電気通信大学・電子工学科卒。エレクトロニクス専門商社で社内翻訳スタッフとして勤務したあと、現在はフリーランスで特許翻訳、ノンフィクションを中心に翻訳活動を展開中。主な訳書に『EXCELとVBAで学ぶ先端ファイナンスの世界』『リスクバジェッティングのためのVaR』『ロケット工学投資法』『投資家のためのマネーマネジメント』『高勝率トレード学のススメ』『勝利の売買システム』『フルタイムトレーダー完全マニュアル』『新版　魔術師たちの心理学』『資産価値測定総論1、2、3』『テイラーの場帳トレーダー入門』『ラルフ・ビンスの資金管理大全』『テクニカル分析の迷信』『タープ博士のトレード学校　ポジションサイジング入門』『アルゴリズムトレーディング入門』『クオンツトレーディング入門』『スイングトレード大学』『コナーズの短期売買実践』『ワン・グッド・トレード』『FXメタトレーダー4 MQLプログラミング』『ラリー・ウィリアムズの短期売買法【第2版】』『損切りか保有かを決める最大逆行幅入門』『株式超短期売買法』『プライスアクションとローソク足の法則』『トレードシステムはどう作ればよいのか　1　2』『トレードコーチとメンタルクリニック』『トレードシステムの法則』『トレンドフォロー白書』『スーパーストック発掘法』『出来高・価格分析の完全ガイド』『アメリカ市場創世記』『ウォール街のモメンタムウォーカー』（以上、パンローリング）、『FORBEGINNERSシリーズ90　数学』（現代書館）、『ゲーム開発のための数学・物理学入門』（ソフトバンク・パブリッシング）がある。

2015年10月2日 初版第1刷発行

ウィザードブックシリーズ ㉙

グレアム・バフェット流投資のスクリーニングモデル
── 「安く買って、高く売る」中長期投資の奥義

著　者　ルーク・L・ワイリー
監修者　長尾慎太郎
訳　者　山下恵美子
発行者　後藤康徳
発行所　パンローリング株式会社
　　　　〒160-0023　東京都新宿区西新宿 7-9-18-6F
　　　　TEL 03-5386-7391　FAX 03-5386-7393
　　　　http://www.panrolling.com/
　　　　E-mail　info@panrolling.com
編　集　エフ・ジー・アイ（Factory of Gnomic Three Monkeys Investment）合資会社
装　丁　パンローリング装丁室
組　版　パンローリング制作室
印刷・製本　株式会社シナノ

ISBN978-4-7759-7196-3

落丁・乱丁本はお取り替えします。
また、本書の全部、または一部を複写・複製・転訳載、および磁気・光記録媒体に
入力することなどは、著作権法上の例外を除き禁じられています。

本文　©Emiko Yamashita／図表　©Pan Rolling　2015 Printed in Japan

ウィザードブックシリーズ 147
千年投資の公理
売られ過ぎの優良企業を買う

定価 本体2,000円+税　ISBN:9784775971147

1000年たっても有効な永遠不滅のバフェット流投資術！　未曾有の金融危機に最適の投資法！

100年に一度の経済危機は100年に一度の買いの大チャンス！
売られ過ぎた超優良銘柄を探せ！
バフェット流の「堀」を持つ優良企業の発掘法「堀」のある売られ過ぎの優良企業でポートフォリオを埋め尽くそう！

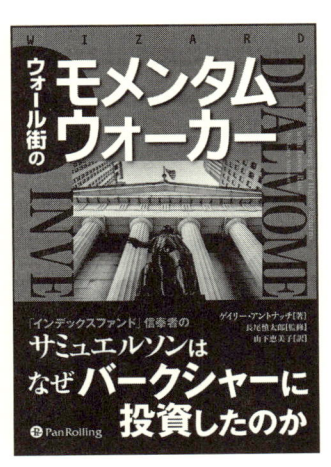

ウィザードブックシリーズ 227
ウォール街の
モメンタムウォーカー

定価 本体4,800円+税　ISBN:9784775971949

「効率的市場仮説」を支持したサミュエルソンはなぜ投資先をバークシャーにしたのか

本書ではGEMを、裏づけとなる理論、これまでの分析、理解しやすいデータを使って、簡単かつ明確に解説する。この実用的なテクニックは現実世界とも一致する。デュアルモメンタムトレードがなぜうまくいくのかについての理解を深め、あなたの投資にぜひ活用してもらいたい。

ウィザードブックシリーズ 220
バリュー投資アイデアマニュアル
得意分野を見極めるための戦略の宝庫

定価 本体2,800円+税　ISBN:9784775971888

**「あなたの性格に合ったバリュー投資法」を探せ！
プチバフェットになるための金鉱を掘り当てる！**

本書のテーマである素晴らしいアイデアは、投資の活力の元である。これを読んで、利益につながる新しい独自のバリュー投資のアイデアを生み出す方法を学んでほしい。

バフェットが執筆する「株主への手紙」を収録

14年ぶり 改定第3版

第3版
バフェットからの手紙
ローレンス・A・カニンガム
Lawrence A. Cunningham
長尾慎太郎[監修] 藤原康史[訳]

世界一の投資家が見たこれから伸びる会社、滅びる会社

日米ベンチャーの二大巨頭(ビル ゲイツ・孫 正義)も敬愛する
ウォーレン・バフェット本の決定版
この1冊でバフェットのすべてがわかる
投資に値する会社こそ、21世紀に生き残る!
20世紀最高の投資家が明かす成長し続ける会社の経営、
経営者の資質、企業統治、会計・財務とは
「経営者」「ベンチャー起業家」「就職希望者」「IPO」のバイブル

Pan Rolling

「カニンガムは私たちの哲学を体系化するという
　素晴らしい仕事を成し遂げてくれた」——ウォーレン・バフェット
「とても実用的な書だ」—— チャーリー・マンガー
「バリュー投資の古典であり、バフェットを知るための究極の1冊」——フィナンシャル・タイムズ
「このバフェットに関する書は素晴らしい」——フォーブス

ローレンス・A・カニンガム 著　　定価 本体2,300円+税　ISBN:9784775971857

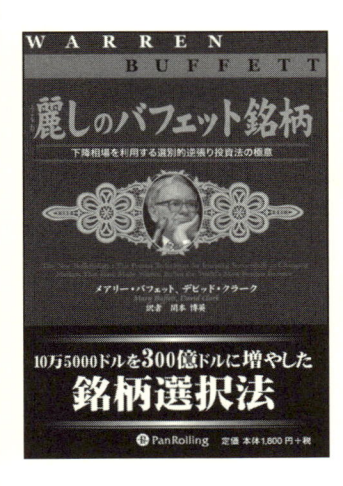

ウィザードブックシリーズ116

麗しのバフェット銘柄
下降相場を利用する選別的逆張り投資法の極意

定価 本体1,800円+税　ISBN:9784775970829

投資家ナンバー1になったバフェットの芸術的な選別的逆張り投資法とは

ビル・ゲイツと並ぶ世界的な株長者となったバフェットの選別的な逆張り投資法とは、下降相場を徹底的に利用したバリュー投資であり、本書ではそれを具体的に詳しく解説。

ウィザードブックシリーズ203

バフェットの経営術
バークシャー・ハサウェイを率いた男は投資家ではなかった

定価 本体2,800円+税　ISBN:9784775971703

銘柄選択の天才ではない本当のバフェットの姿が明らかに

企業統治の意味を定義し直したバフェットの内面を見つめ、経営者とリーダーとしてバークシャー・ハサウェイをアメリカで最大かつ最も成功しているコングロマリットのひとつに作り上げたバフェットの秘密を初めて明かした。

ウィザードブックシリーズ189

バフェット合衆国

定価 本体1,600円+税　ISBN:9784775971567

バークシャーには「バフェット」が何人もいる！

ウォーレン・バフェットの投資哲学は伝説になるほど有名だが、バークシャー・ハサウェイの経営者たちについて知る人は少ない。バークシャーの成功に貢献してきた取締役やCEOの素顔に迫り、身につけたスキルはどのようなものだったのか、いかにして世界で最もダイナミックなコングロマリットの一員になったのかについて紹介。

ベンジャミン・グレアム

1894/05/08 ロンドン生まれ。1914 年アメリカ・コロンビア大学卒。ニューバーガー・ローブ社（ニューヨークの証券会社）に入社、1923-56 年グレアム・ノーマン・コーポレーション社長、1956年以来カリフォルニア大学教授、ニューヨーク金融協会理事、証券アナリストセミナー評議員を歴任する。バリュー投資理論の考案者であり、おそらく過去最大の影響力を誇る投資家である。

ウィザードブックシリーズ 10
賢明なる投資家
割安株の見つけ方とバリュー投資を成功させる方法

定価 本体3,800円+税　ISBN:9784939103292

市場低迷の時期こそ、威力を発揮する「バリュー投資のバイブル」

ウォーレン・バフェットが師と仰ぎ、尊敬したベンジャミン・グレアムが残した「バリュー投資」の最高傑作！ だれも気づいていない将来伸びる「魅力のない二流企業株」や「割安株」の見つけ方を伝授。

ウィザードブックシリーズ24
賢明なる投資家【財務諸表編】
定価 本体3,800円+税　ISBN:9784939103469

ベア・マーケットでの最強かつ基本的な手引き書であり、「賢明なる投資家」になるための必読書！ ブル・マーケットでも、ベア・マーケットでも、儲かる株は財務諸表を見れば分かる！

ウィザードブックシリーズ87
新 賢明なる投資家（上）
定価 本体3,800円+税　ISBN:9784775970492

古典的名著に新たな注解が加わり、グレアムの時代を超えた英知が今日の市場に再びよみがえる！ みなさんが投資目標を達成するために読まれる本の中でも最も重要な1冊になるに違いない。

ウィザードブックシリーズ88
新 賢明なる投資家（下）
定価 本体3,800円+税　ISBN:9784775970508

原文を完全な状態で残し、今日の市況を視野に入れ、新たな注解を加え、グレアムの挙げた事例と最近の事例とを対比。投資目標達成のために読まれる本の中でも最も重要な1冊となるだろう。

ウィザードブックシリーズ44
証券分析【1934年版】
定価 本体9,800円+税　ISBN:9784775970058

「不朽の傑作」ついに完全邦訳！ 研ぎ澄まされた鋭い分析力、実地に即した深い思想、そして妥協を許さない決然とした論理の感触。時を超えたかけがえのない知恵と価値を持つメッセージ。

ウィザードブックシリーズ207
グレアムからの手紙
定価 本体3,800円+税　ISBN:9784775971741

ファイナンスの分野において歴史上最も卓越した洞察力を有した人物のひとりであるグレアムの半世紀にわたる証券分析のアイデアの進化を示す貴重な論文やインタビューのコレクション。